ハーブ中華・発酵中華・スパイス中華

中国少数民族料理 | Herb / Fermentation / Spice

小山内耕也（蓮香） 中村秀行（中国旬菜 茶馬燕） 水岡孝和（南方中華料理 南三）

目次 | Contents

ハーブ中華・発酵中華・スパイス中華 中国少数民族料理

- 004 八大菜系が見落としてきた食文化
  ハーブ中華・発酵中華・スパイス中華
- 006 中国の行政区分と八大菜系
- 008 本書で紹介する中国の少数民族料理の特徴
- 010 小山内耕也の考え方
- 012 中村秀行の考え方
- 014 水岡孝和の考え方

ハーブ中華 | Herb

- 018 (119) 傣族柠檬鸡 / 傣族レモン鶏
- 020 (119) 臭菜炒蛋 / 雲南ハーブオムレツ
- 021 (119) 咸鸭蛋拌苦瓜 / アヒルの塩卵とニガウリの和え物
- 021 (120) 云耳拌黄瓜 / 雲南木耳とキュウリのレモングラス和え
- 022 (120) 红紫苏豆豉鲜贝 / ミル貝と赤シソの豆豉和え
- 022 (120) 罗勒炸虾滑 / 蝦巻と台湾バジルの素揚げ
- 023 (120) 茴香卤羊舌 / 羊タンの塩茹で～フェンネル和え
- 024 便利調味料を自家製する【ハーブ編】
  パイナップル喃咪
- 025 (120) 菠萝喃咪拌鱿鱼 / ホタルイカのパイナップル喃咪漬け
- 025 (121) 傣族凉拌炸豆腐 / 炸豆腐と皮蛋のパイナップル喃咪和え
- 026 (121) 云南韭菜花酱卤山羊 / 香味山羊～雲南ハーブ醤
- 028 (121) 韭菜根卤鸡片 / ニラ根の漬物と鶏の冷製
- 029 (122) 傣族臭牛皮 / 牛皮の香味和え
- 030 (122) 傣族烤鱼 / 傣族ハーブ焼き魚
- 032 便利調味料を自家製する【ハーブ編】
  タイ族トマト喃咪
- 033 (122) 猪皮喃咪 / 揚げ豚皮と傣族トマト喃咪
- 034 (122) 牛皮喃咪 / 揚げ牛皮と傣族トマト喃咪
- 035 (123) 凉拌猪干巴 / 豚ジャーキーのトマトハーブ和え
- 036 (123) 春鸡脚 / 傣族鶏モミジのハーブ和え
- 037 (123) 干巴牛肉 / 雲南回族干し牛肉～揚げミント添え
- 038 (124) 薄荷牛肉 / 雲南ハーブステーキ
- 039 (124) 花茶蒸对虾 / 活車海老のジャスミン茶蒸し～塩ライム添え
- 039 (124) 首乌炒雉 / 雉の何首烏炒め
- 040 (124) 水豆豉炒香蕉花 / バナナの花と猪のトゥアナオ炒め
- 041 (125) 鱼肠橄榄 / マンボウのモツと広東オリーブ炒め
- 042 (125) 咸柠檬蒸乌头鱼 / ボラの塩レモン蒸し
- 044 便利調味料を自家製する【ハーブ編】
  雲南ニラミント醤
- 045 (125) 薄荷韭菜烤羊排 / ラムバラ肉のロースト～雲南ニラミント醤
- 046 (126) 跳水鱼 / 貴州茄で魚～麻辣ハーブソース
- 047 (126) 老姜三杯鸡 / 三杯鶏～台湾バジル添え
- 047 (126) 酸木瓜汤 / 西双版納パパイヤスープ
- 048 (126) 云南腌韭菜花拌米线 / 雲南ニラ花醤とミントの和え麺
- 049 (127) 包烧饵丝 / 発酵米粉のハーブ包み焼き
- 050 (127) 怪噜炒饭 / 貴州ドクダミ炒飯
- 051 (127) 绿豆沙 / 緑豆沙
- 051 (128) 冻顶乌龙茶梅 / 完熟梅の凍頂烏龍茶煮

発酵中華 | Fermentation

- 054 (128) 螃蟹喃咪 / 茄でインゲンと淡水蟹の発酵喃咪
- 055 (128) 火龙果腌制生姜 / 新生姜のドラゴンフルーツ果汁漬け
- 056 (128) 乳饼 / 雲南山羊チーズ
- 057 (128) 白族乳扇 / 雲南揚げチーズ
- 058 便利調味料を自家製する【発酵編】
  小魚豆豉
- 059 (129) 小鱼豆豉凉拌凉瓜 / ニガウリの小魚豆豉和え
- 059 (129) 小鱼豆豉炒全菌 / キノコの小魚豆豉炒め
- 060 (129) 易门水豆豉大黄瓜 / 水豆豉とキュウリ炒め

凡例

- 目次の料理名の前の数字は料理写真の掲載ページです。（ ）内の数字は料理解説の掲載ページです。
- 中国語の読み（ルビ）は『中国食文化事典』(角川書店) 掲載の「中国語発音表」に則っています。
- 一部の食材の読み（ルビ）は「中国食文化事典」(角川書店) 掲載の「中国語発音表」に則っています。
- 「料理解説」(P.119〜)に記載の食材・調味料については「食材・調味料解説」(P.113〜) で解説しています。
- 掲載している料理の中には中国で調理・撮影したものも応の目安です。
- 掲載料理の分量や時間は一応の目安です。

060 (129)	普洱茶酥豆芽 発芽大豆の雲南プーアル茶炒め		083 (137)	萌凤梨苦瓜鸡汤 鶏とニガウリと発酵パイナップル醤のスープ
061 (130)	泡制牛腱 牛すね肉の泡菜		084 (137)	酱香凤梨烤鱼 発酵パイナップル醤の焼き魚
062	便利調味料を自家製する【発酵編】 水豆豉		086 (137)	黄瓜皮蒸鱼 白身魚の蒸し物〜黄色キュウリの漬物と広西オリーブ
063 (130)	水豆豉炒蛋 貴州納豆の卵炒め		088 (138)	剁椒鲶鱼 鯰の発酵唐辛子蒸し

スパイス中華 │ Spice

063 (130)	水豆豉炒青椒 万願寺唐辛子の水豆豉炒め		092 (138)	药膳卤鸭 台湾風鴨のスパイス煮込み
064 (130)	黒三剁 大頭菜の漬物と粗挽き肉の炒めもの		094 (138)	药膳蚕豆 戻し空豆の薬膳蜜煮
065 (130)	茄子鲊炒洋芋 ナスぬか漬けとジャガイモ炒め		095 (139)	五味子汁烤鸭 鴨のロースト〜五味子ソース
066	便利調味料を自家製する【発酵編】 サンバルソース		096	便利調味料を自家製する【スパイス編】 沙茶醤
067 (131)	参巴酱焯秋葵 オクラのサンバルソース和え		097 (139)	沙茶烤茭白 焼きマコモダケの沙茶醤和え
067 (131)	参巴烧对虾 サンバル海老チリ		098 (139)	沙茶鹿肉 鹿肉の沙茶醤炒め
068 (131)	宣威火腿皮豆汤 雲南ハムと赤インゲン豆のスープ		099 (139)	陈皮肉饼 陳皮煮込みハンバーグ
070 (131)	破布子炒山苏 オオタニワタリと燻製豚肉の破布子炒め		100 (140)	脆皮肥肠 ネギ入りパリパリ大腸
071 (132)	酸玉米排骨蒸 苗族の発酵トウモロコシと豚排骨の蒸し物		101 (140)	香辣兔 揚げ兎〜香辣スパイス仕立て
072 (132)	酸笋焖鸭 発酵タケノコと鴨の煮込み		102 (140)	麻辣油封香鱼 鮎の麻辣コンフィ
073 (133)	大澳虾膏小炒皇 干しイカと野菜の海老発酵醤炒め		104 (141)	醉鸡煲 酔っぱらい薬膳鶏
074 (133)	焖酸鸭 鴨のなれずし炒め煮		105 (141)	土鸡白菜山椒汤 地鶏と白菜の青山椒スープ
076 (133)	烤酸肉 豚肉麹漬けのロースト		106 (141)	湖南辣子羊排 ラム排骨の香辣揚げ
076 (134)	炸红糟肉 豚ロース紅麹漬け唐揚げ		107 (142)	烤包子 ウイグルのラム肉サモサ
077 (134)	洞庭臭鱼 臭魚〜アオサノリと豆板醤ソース		108 (142)	芝麻薄饼 クミンとゴマの薄焼きパン
078 (134)	炸酸鱼 白身魚の揚げなれずし		109 (142)	大盘鸡 新疆大盤鶏
079 (135)	香辣臭豆腐 香り薬味臭豆腐		110 (142)	手抓饭 ポロ〜ラム肉炊き込みごはん
080 (135)	臭豆腐肥肠煲 臭豆腐とモツの麻辣煮込み		112 (143)	馕坑烤羊腰 ウイグル羊腎臓(マメ)衣焼き
080 (136)	潮州豆酱豆腐 蒸し豆腐 潮州豆醤ソース			
081 (136)	湖南鱼子豆腐 魚卵の猛毒豆腐		113	食材・調味料解説
082	便利調味料を自家製する【発酵編】 発酵パイナップル醤		119	料理解説

中国語校正／吉野好輝　校正／安孫子幸代　企画・構成／小林淳一　編集／齋藤立夫（柴田書店）
撮影／鈴木泰介　表紙イラスト／阿部伸二（カレラ）　ブックデザイン／青木宏之（Mag）
調理補助／木嶋正明（中国旬菜 茶馬燕）

八大菜系が見落としてきた食文化
ハーブ中華・発酵中華・スパイス中華

　中国に息づく料理を分類したものに、地域にもとづいて8つに分けた「八大菜系」があります。山東料理、四川料理、江蘇料理、広東料理、安徽料理、湖南料理、福建料理、浙江料理です（P6参照）。

　しかし、中国は広大です。

　行政区分でみると、23の省、5の自治区、4の直轄市、2の特別行政区に分けられ、計34の一級行政区があります。また、民族区域自治と呼ばれる少数民族政策を取っており、漢民族とそのほかの55の少数民族が存在します（計56民族）。

　食文化は地域ごと、民族ごとに受け継がれてきたものがあるはずで、八大菜系からこぼれ落ちている食文化や、八大菜系に含まれているもののその存在が埋もれている食文化は数え切れません。つまり、日本ではまだなじみのない料理、体系立てて紹介されていない食文化がいくつもあります。

　本書ではそのような、いわば「見落とされてきた中国料理」の中から、以下の3つの特徴のいずれかを持つ料理を集めて収録しました。

加熱調理・生食を問わず
フレッシュハーブを
駆使する料理
↓
ハーブ中華

発酵させた食材や
調味料を使う料理
↓
発酵中華

乾燥させたスパイスや
漢方で使う食材を
味の決め手として使う料理
↓
スパイス中華

中国の行政区分と八大菜系

西北

新疆ウイグル自治区

甘粛省

青海省

チベット自治区

四川料理（川菜）

雲南省

西南

　国土が広大な中国は、気候、風土、食材、民族、食習慣などが地域によって大きく異なります。そのため本来は各地域には固有の食文化が存在しますが、便宜上それらを大きく8つに区分したのが「八大菜系」です。しかし、右の図を見ると、本書で取り上げているたとえば雲南省や貴州省、広西チワン族自治区や新疆ウイグル自治区といった少数民族が住むエリアの食文化や料理は八大菜系から外れていることがわかります。

　土地や地域ごとの食文化を大切にする中国の料理を紐解くにあたっては、こういった分類に終始しないほうが、より多くの発見があるはずです。

本書で紹介する中国の少数民族料理の特徴

本書に収録している料理の大半は、雲南省、湖南省、貴州省を中心に、広東省、広西チワン族自治区、新疆ウイグル自治区などで暮らす中国の少数民族によって受け継がれてきた食文化をもとにしたものです。代表的な民族と食文化の特徴は以下のようなものです。

傣族（タイ族）

ミャンマー、ラオスという東南アジア諸国と国境を接しメコン川を通じてタイやカンボジア、ベトナムにもつながる雲南省のシーサンパンナ・タイ族自治州、ミャンマーと国境を接する同省の徳宏タイ族ジンポー族自治州、さらには雲南省全域などに分布するタイ系民族。コメの漬け床で発酵させた魚や肉のなれずしや、納豆のような大豆発酵食品などを使う発酵中華、また、ミント、レモングラス、フェンネルといったフレッシュハーブを駆使するハーブ中華の料理が多い。

壮族（チワン族）

ベトナムと国境を接する広西チワン族自治区を中心に、雲南省文山チワン族ミャオ族自治州、広東省、湖南省、貴州省、四川省などに散在する。とくに広西チワン族自治区の海に面した地域の同民族は、オリーブやコブミカンを塩漬けにして発酵させた食品を料理に使いこなす。ハーブ中華、発酵中華の特徴が強い。

彝族（イ族）

雲南省をはじめ貴州省、湖南省、四川省、広西チワン族自治区などの山間部に広く分散するチベット系民族。発酵させたワラビを具材とした発酵由来の酸味がきいたスープ料理や、ワラビ粉で作った麺を炒めた料理など、山菜を多く活用する。発酵させた豆腐の炭火焼きは名物料理として知られる。

白族（ペー族）

主に雲南省大理ペー族自治州に居住するチベット系民族。元王朝期に製法が伝わったとされるヤギや牛の乳で作るチーズをはじめ、発酵を巧みに駆使した料理に特徴がある。軽く炙った豚皮をハーブをきかせた醤とともに食べる「大理生皮（ダァリィションピィ）」はペー族の料理の代表格。

侗族（トン族）

貴州省、湖南省、広西チワン族自治区に分布するチベット系民族。陶器の壺や木桶でモチゴメとともに漬け込んだ、強い酸味が特徴の野菜、肉、魚のなれずしのほか、エビをすりつぶして塩を加えて発酵させた蝦醤（シャジャン）など、発酵中華の特徴を持つ。

苗族（ミャオ族／モン族）

秦代から中国南西部一帯（貴州省、湖南省、雲南省、四川省、広西チワン族自治区、広東省など）に先住してきた民族。トウモロコシ粉を乳酸発酵させた漬物や、発酵させたコメの研ぎ汁とトマトで作る酸味のあるスープ「酸湯（ソワンタン）」といった発酵中華の食文化を持つ。

維吾爾族（ウイグル族）

インド、パキスタン、アフガニスタン、タジキスタン、キルギス、カザフスタン、ロシア連邦、モンゴルの8ヵ国と国境を接する新疆ウイグル自治区に大半が暮らす。本書ではクミン、コリアンダー、フェンネルといった乾燥の香辛料を使ったスパイス中華を収録した。

このほかにも、台湾バジルを随所に織り込む台湾の食文化や、漢方で用いる食材をスパイスとして使ったり、エビを発酵させた調味料（蝦醤）を駆使したりする香港料理も取り上げています。また、華北から南部の広東省や福建省、江西省などに移住した客家（ハッカ）と呼ばれる人びとの食文化や、マレーシアに移った中華系の男性と現地のマレー系の女性との間に生まれた女性によって発生したニョニャ料理なども登場します。

本書に登場する主な少数民族について

主な少数民族など / 料理の傾向、主な居住エリアや特徴

傣族（タイ族） — タイ系
- ハーブ・発酵：主にシーサンパンナ・タイ族自治州、徳宏タイ族ジンポー族自治州など

壮族（チワン族）
- ハーブ・発酵：広西チワン族自治区、雲南省文山チワン族ミャオ族自治州、一部が広東省、湖南省、貴州省、四川省などに散在

彝族（イ族） — チベット系
- 発酵：雲南省、貴州省、湖南省、四川省、広西チワン族自治区など

白族（ペー族）
- 発酵：主に雲南省大理ペー族自治州、貴州省、四川省、湖南省にも分布

侗族（トン族）
- 発酵：主に貴州省玉屏トン族自治県、黔東南ミャオ族トン族自治州など

苗族（ミャオ族／モン族）
- 発酵：貴州省、湖南省、雲南省、重慶市、広西チワン族自治区、湖北省、四川省

維吾爾族（ウイグル族） — テュルク系
- スパイス：新疆ウイグル自治区、湖南省常徳市桃源県など

客家（台湾） 広東省、香港の食文化
- ハーブ・発酵・スパイス：漢民族

ニョニャ
- 発酵：福建省などからマレーシアに移住した漢民族の男性とマレー系の女性との間に生まれた女性

本書で紹介する中国の少数民族料理の特徴

小山内耕也的思維方式 ── Koya Osanai's way of thinking

中国の少数民族の料理を本格的に提供しはじめたのは、かつて東京・麻布十番にあった「ナポレオンフィッシュ」で料理長として厨房を仕切っていた頃。発酵させた食材や調味料を駆使して繰り出す"発酵中華"の品々は、当時多くの人にとって「初体験」だったはずで、そうした料理を日本国内で味わえることに中国通の人びとは驚いたはずだ。
　できるだけ現地の食材と調味料を使い、食べ手を現地に誘う。そんな料理を提供するというスタンスは、2015年に「蓮香」を開いて以降もブレない。
　大切にしているのは、「現地の風」。食べている人に現地の風を吹かせたいんです。
　とはいえ、単に現地の味に近づけたいとは考えていません。なぜなら、現地の味は必ずしもおいしいわけではないですから。だから精いっぱいアレンジしています。

小山内耕也 | 蓮香

心に、料理に、「現地の風」を吹かせたい。だからこそ現地へ足を運び続ける

　ただし、現地の風を吹かせるために、現地で買ってきた食材や調味料をできるだけ使います。それだからなのか、自分の料理は中国少数民族のマッスルな味わいをストレートに表現していると思われている節も否めませんが(笑)、最終的には日本人の舌に合うように調整するというスタンスではあるんです。
　要は説得力の問題だと感じています。
　たとえば、生の赤唐辛子を叩きつぶして塩水で

乳酸発酵させた剁辣椒（ドゥオラァジャオ）という辛みの強い調味料がありますが、この剁辣椒は現地の唐辛子を使わないと味が決まりません。国産の唐辛子で日本で手作りすると、やはり違うんですね。現地の風が吹かないんです。そんなわけで、国内に持ち込める調味料はできるだけ現地で調達しています。

　何度も現地に足を運ぶうちにそういう思考になったのですが、きっかけは「酸湯（ツワンタン）」を日本で作りたいと試行錯誤したことにあると思います。

　酸湯は貴州省の名物料理で、ミャオ族（モン族）の間で作り継がれているスープ料理です。コメの研ぎ汁を発酵させた酸味の強い汁をベースにして、発酵させたトマトや魚を煮込むのですが、国内で作ってもなかなか思うような仕上がりにならないんです。コメの研ぎ汁以外にも青菜のゆで汁などを発酵させてみたり、塩を加えたり加えなかったり、温度帯を変えてみたり、あらゆる発酵環境で試したのですが、現地の風が吹かないんです。

　結局、トマトが中国のものでないとどうも甘くなって別物になってしまう、という結論に達しました。さすがにトマトを中国から持ってくることはできません。だから、酸湯は諦めました。

「自分が現地で食べたときに感じた現地の風はこんな感じです」

　お客さまに料理を提供するときには、そう言い切れることが自分は大切だと思っています。現地を知らない人に噓をつきたくないんです。

現地の風を求めて、現在も年に3〜4回は中国の少数民族が暮らすエリアに足を運ぶ。空港のある主要都市から車で9時間ぐらいかかる場所まで行くこともあるという。

　僕は料理がそんなに上手じゃないから、目のつけどころで勝負しなければならないんです。現地を訪れると、いままで知らなかったこと、つまり新しい目のつけどころが毎回目の前に現れます。だから何度でも行くし、中国人に聞いても「そこには何もない」と言われる場所にだって、何かがあるかもしれないので、あちこち行っています。

　一方で、現地の店の料理がそのままでおいしいと感じることはほとんどありません。その料理を僕の店に来てくださるお客さまに味わっていただくためには、自分なりに翻訳する必要があります。その翻訳作業は確かに好きなのですが、行きつ戻りつ試行錯誤していますね（苦笑）。

　もちろん翻訳不可能な食材や料理もあります。雲南省シーサンパンナ・タイ族自治州などに住むタイ族が使うバナナリーフの香り、広西チワン族自治区などに住むチワン族が料理の随所に差し込むレモンの香り、そういった香りの類はどうにも翻訳できない。現地で、現地の食材で作らないと表現できないこともあるわけです。

　つまり、日本で、ほかの食材で代用したのでは作れない料理もある。日本で店を構えている以上、その点は諦めざるをえません。でも、できるだけ現地の風は吹かせ続けたい。だから、僕はできるだけ定期的に現地へ食材を調達しに行くんです。

おさないこうや

1976年青森県生まれ。「銀座アスター 藤沢賓館」（神奈川・藤沢）、「南青山エッセンス」（東京・南青山）などで働いた後、中国・江西省撫州市の「一品焼鶏」で1ヵ月間研修。帰国後は「月世界」（東京・渋谷）を経て、「ナポレオンフィッシュ」（東京・麻布十番）では料理長として"発酵中華"のジャンルを開拓。2015年に「蓮香」（東京・白金）をオープンし、雲南省や貴州省などの少数民族が多く暮らすエリアの食文化・料理をもとにした品々を提供する。

蓮香（れんしゃん）
東京都港区白金4-1-7
03-5422-7373

中村秀行 | 中国旬菜 茶馬燕

中国少数民族料理に備わる、自然の力を巧みに使った「洗練」を追求する

中村秀行的思維方式 — Hideyuki Nakamura's way of thinking

「湘南で本格四川料理が食べられる店」。メニューに並ぶ麻婆豆腐や汁なし担々麺をめがけて、遠方から足を運ぶお客も多く、冒頭のように評されることも少なくないが、守備範囲は四川料理にとどまらない。キャリアの出発点である広東料理にはじまり、中国の食文化の流れをくむマレー半島周辺に息づくニョニャ料理や、雲南省の少数民族の食文化などにも造詣が深い。また、日本中医食養学会認定の薬膳アドバイザーの資格も持つ。
そうした幅広い知見と経験をもとに手がける料理は多岐にわたり、変化に富み、奥が深い。

私は広東料理でスタートし、中国料理を掘り下げていくうちに、味を決める工程がより複雑な四川料理に興味を持つようになりました。そのため、本場の四川料理を体験することをひとつの目的として、勤めていた店を25歳のときに退職。山口からフェリーで韓国に渡り、中国に入って各地を巡っていったんベトナムに行き、その後、四川に戻ってからチベット、ネパールを経てインドに至るという、飛行機を使わない半年間の旅に出たのですが、その旅で本当に数々の中国少数民族料理と出合うことになりました。
この旅で感じたのが、中国の料理の幅広さと奥深さです。圧倒されて、とても驚きましたね（笑）。たとえば、上海と雲南は食文化がまったく違いますし、同じ広東省なのに、福建省に近い北部と

広西チワン族自治区に近い西部とでは食材も調味料も異なります。そういうことをじかに感じられたのはすごく大きかった。日本で学んだことと現地の料理や食文化は別物だと理解したんです。

そして、現地を体験したからこそ気づいたのが、日本で現地の味を100％作り出すのは不可能だし、また、現地の味を作るのは自分の仕事じゃない、ということです。

おかげで中国料理に取り組むうえでの自分の姿勢がはっきりし、作ることができる調味料や発酵食品は自分で手作りしていますが、作ることができなかったり手に入らない食材は日本のものに置き換えることにしています。発酵が不可欠な食品や調味料を自家製する場合は、うまく発酵しなかったりして失敗の連続ですが(苦笑)。

中国料理という枠組みの中でもとくにハーブ、発酵、そしてスパイスを駆使する中国少数民族料理にのめり込んでいるのは、自身の料理人としてのスタンスと重なるからだという。

自分自身、胃が強いほうではないので、古い油、重く感じる肉、たとえ現地風でもケミカルな味などはできれば避けたいんです。それもあって、「身体に負担をかけない料理」を理想として、良質な材料を使って、食べ手の身体と心の健やかさにいい影響をおよぼすような料理を作りたいと考えています。だから、舌を麻痺させるうま味調味料はできるだけ使いませんし、自家製の叉焼（チャーシャオ）の色づけにも人工着色料ではなく紅麹を使うし、点心もセカンドの木嶋(正明氏)と一緒に手作りしています。

私は、自分がめざしている、食べ手の身体と心の健やかさにいい影響をおよぼす料理のことを「洗練された料理」と表現しているのですが、中国の少数民族の料理の根底にも同じ思想が流れている気がしています。発酵由来のうまみを使ったり、ハーブやスパイスの香りで味わいに厚みや深みをもたせたりと、身体に悪いわけがないであろう自然の力を非常に上手に使いますから。初めて雲南省や四川省に行ってそのすごさに気づいて以来、料理としてのおもしろさに引き込まれました。

その点、発酵させた食材や調味料を縦横無尽に活用し、香り、辛み、苦み、甘みなどがあるハーブやスパイスをふんだんに使う中国少数民族料理は、中国料理だけでなく、フランス料理やイタリア料理、そして日本料理といったさまざまなジャンルの料理人にとっても参考になるアイデアや考え方が詰まっていると思います。

たとえば、「燜酸鴨（メンツワンヤ）(鴨のなれずし炒め煮)」(P74参照)は、モチゴメで作った漬け床で発酵させた鴨肉にトマトを合わせた料理。発酵させた鴨肉を熟成させた肉と捉えるならば、イタリア料理などにある生ハムやベーコンとトマトの組み合わせとも解釈できます。このように自分の受け取り方次第で、中国少数民族料理はどんな料理にも発展、変形させることができるのではないでしょうか。

中国少数民族料理のそんな可能性の大きさを、読者の皆さんと共有できたらうれしく思います。

なかむらひでゆき
1973年埼玉県生まれ。「東天紅 恵比寿ガーデンプレイス店」(東京・恵比寿)、「横浜中華街 招福門」(横浜中華街)などでの修業の後、半年間かけて中国を中心に東南アジアを旅する。帰国後、「菊華」(横浜中華街)の料理長を経て、「白金亭」(東京・白金)の立ち上げに参加。2009年に「中国旬菜 茶馬燕」(神奈川・藤沢)を開く。日本中医食養学会認定薬膳アドバイザー。

中国旬菜 茶馬燕（ちゅうごくしゅんさい ちゃーまーえん）
神奈川県藤沢市南藤沢20-15
第一興産18号館6階
0466-27-7824

中村秀行の考え方

水岡孝和的思維方式 | Takakazu Mizuoka's way of thinking

水岡孝和 | 南方中華料理 南三

現地の料理を「和訳」も「輸入」もしない。中国の食文化を再編集する

店名の「南三」は、雲南と湖南、そして台南という3つの「南」に由来する。主にこの中国南部の2地域と台湾南部の食文化・料理を表現しており、「中国少数民族料理を初めて体験する人にもなじみやすい」という声が少なくない。年に2〜3回は中国や台湾に出向き、そうして目の当たりにした調味料や加工食品のうち、自分で作ることができそうなものはできる限り自家製するというスタイルを実践する。

私は現地の味を日本人の口に合うように作り直すという、いわば「和訳」はしません。だからといって、現地の味をそのまま再現するという「輸入」がしたいわけでもありません。

中国や台湾に行く理由は、その土地の食文化を感じるためです。そうして現地で仕入れた各地の知識や事例、情報を蓄積し、中国や台湾のある地域の食文化と別の地域の食文化とを混ぜ合わせたり掛け合わせたりして再編集して、自分の料理として形にしているんです。たとえば、雲南省の料理を台湾の調味料を使って作るとか、新疆ウイグル自治区で出合った腸詰を、腸詰にモチゴメを詰める台湾の手法を採り入れて作るとか。

いま食べているこの土地の料理は確かにおいしいけれど、あの地方で使われている調味料を使って作ったほうがもっとおいしくなるのになあ、といったように感じることは頻繁にあります。そこで、再編集して料理を作るわけですが、日本人で

水岡孝和の考え方

ある私のフィルターを通していることで、自然と日本人の味覚になじむ料理になるのではないかと思います。そして、和訳でも輸入でもない、その再編集という行為こそが、私のオリジナリティなのだと捉えています。

こうした再編集は、私が中国人ではない外国人だからこそできることでしょう。中国人はそういう発想にならないんです。なぜなら、中国の人たちは郷土愛がとても強いから。食の嗜好はとくにそうで、自分の故郷の味を守り続けるんです。

でも、中国は土地ごとに食文化が異なり、国全体で見たらとてつもなく多様性に富んでいます。しかも、日本人の感覚からすると、ものすごく意外性に溢れている。雲南省ではミントが野菜として使われているし、湖南省には「粘り気のない納豆」というべき食材があったり、トウモロコシの漬物があったり、台湾にはパイナップルを麹漬けにする文化がある。エリアが違えば、本当に新しい発見の連続なんです。

これだけグローバル化が進む今日においても、日本語はもとより英語で得られる中国の非都市圏の食文化に関する情報はけっして多いとはいえない。その点、台湾留学で身につけた語学力を駆使して、訪れた中国や台湾の市場、店で生の情報を直接収集できるリサーチ力は大きな強みといえる。とはいえ、最大の武器は、そうして収集した情報、知識、事例などを再編集する能力と、再編集するにあたっての論理だろう。

いつも心がけているのは、既存の固定観念を捨てること。あと、自己満足にならないことですね。

現地にリサーチに行くと、自分以外の多くの日本人が知らないことを知った、という優越感や興奮を覚えるものです。でも、それをそのまま前面に出した料理を作っても、誰も理解できません（笑）。そこで、自分が冷静に判断したり咀嚼したりできるようにするために、現地で得た情報や知識はいったん自分の「引き出し」にしまうという作業を必ずするようにしています。

そうしてインプットしておいた料理の情報のストックがすごくたくさんあるので、いまはそのストックを必要に応じて引き出しから取り出しながら再編集する、という作業を続けている感覚です。その再編集作業、つまり料理という形にアウトプットするときに大切にしているのは、「バランス」といえばいいでしょうか。

私が伝えたい、表現したいと思う料理があっても、当然ですが、お客さまに受けないと意味がありません。だから、その料理の構成を一度バラバラに解体して、「現地感」を残す部分とそうでない部分とを整理するわけです。そういうさじ加減は大切にしています。そしてそれに合わせて、ストックしているあれこれの要素を引き出しから取り出して、料理として形にしていきます。

そうやって現地で収集してきた知識や情報、経験を引き出しに入れたり、出したりをくり返して料理を作っているので、私の料理は和訳でも輸入でもない、と自分では考えています。

みずおかたかかず
1981年千葉県生まれ。「天厨菜館 渋谷店」（東京・渋谷）、「A-jun」（東京・渋谷）、「御田町 桃の木」（東京・三田）で経験を重ね、「黒猫夜 銀座店」（東京・銀座）の料理長に就任する。2018年5月に「南方中華料理 南三」（東京・荒木町）を開業し、主に雲南、湖南、台南という3地域の食文化を土台とした料理を提供する。「黒猫夜」勤務時代には1年間、台湾へ語学留学する。

南方中華料理 南三（なんぽうちゅうかりょうり みなみ）
東京都新宿区荒木町10-14
伍番館ビル2階B
03-5361-8363

> ハーブ中華
> Herb

傣族柠檬鸡
dǎi zú níng méng jī
（ダイ　ズゥ　ニン　モン　ジィ）

傣族レモン鶏

小山内耕也 ｜ 蓮香

雲南省最南端のシーサンパンナ・タイ族自治州の最大勢力であるタイ族の名物冷菜。鶏肉はゆでた後、レモン果汁、フェンネル、コリアンダーシード、タイ族がよく使う傣族花椒（ダイズゥホワジャオ）などを加えた塩水に漬け込む。上に盛ったのはミント、バジル、シャンツァイ、赤唐辛子、ニンニクなどをきざんだもので、ハーブ、スパイス、香味野菜の類を9種用いた。料理名の直訳は「レモン鶏」だが、現地ではレモンではなくコブミカンやキーライムを使う。

解説＞P119

ハーブ中華
Herb

ハーブ中華 Herb

臭菜炒蛋
チョウ ツァイ チャオ ダン
chòu cài chǎo dàn

雲南ハーブオムレツ

小山内耕也 | 蓮香

生のフェンネルのみじん切り入りのオムレツ。厚みをもたせて仕上げるのがこの料理のポイントで、じっくりと火を入れることで生まれる表面のカリッとした食感と香ばしさに、フェンネルの香りがアクセントをもたらす。原形は雲南省に住むタイ族の料理。現地ではフェンネルに似た香りの臭菜という別種のハーブを使い、ほかの料理とともに食べるためか塩はほとんどきかせない。また、現地ではナスや苦叶と呼ばれる苦い葉も同様の仕立てにする。
クウイエ

解説 > P119

咸鴨蛋拌苦瓜
シエン ヤ ダン バン クゥ ゴワ
xián yā dàn bàn kǔ guā

アヒルの塩卵と
ニガウリの和え物

水岡孝和 ｜ 南方中華料理 南三

アヒルの塩漬け卵を細かくきざんで炒めたところに、塩もみしたニガウリを加えてサッと炒め合わせた前菜。塩漬け卵をピーナッツ油で炒めることで油に卵黄のうまみを引き出し、その油をニガウリに絡めている。口の中にうまみと苦みが絶妙のバランスで広がる。炒めてすぐの温かい状態で食べてもおいしいが、加熱後に冷凍庫に入れて急冷するのがポイント。ニガウリの鮮やかな緑色が維持できるうえ、味わいがなじんでいっそうおいしくなる。

解説＞P119

云耳拌黄瓜
ユン アル バン ホワン ゴワ
yún ěr bàn huáng guā

雲南木耳とキュウリの
レモングラス和え

水岡孝和 ｜ 南方中華料理 南三

キクラゲをレモングラス、花椒、ショウガなどを加えた調味液でマリネし、塩もみしたキュウリと和えた。キクラゲとキュウリによる食感の楽しさもこの料理の持ち味だが、印象的なのが香り。決め手は仕上げに加えた木姜油（ムゥジャンイウ）で、クスノキ科の植物の実である木姜子（ムゥジャンズ）（日本では山蒼子（さんそうし）、山胡椒（やまこうばし）などと呼ばれる）から抽出したこの油はレモングラスの香りを思わせる。大葉の清涼な香りと苦み、キュウリの青い香りと組み合わせて、重層的な風味を作る。

解説＞P120

ハーブ中華 Herb

ハーブ中華 / Herb

红紫苏豆豉鲜贝
hóng zǐ sū dòu chǐ xiān bèi

ミル貝と赤シソの豆豉和え

水岡孝和 ｜ 南方中華料理 南三

白ミル貝を和えているのは自家製の赤シソ醬。それぞれにみじん切りにした赤シソ、豆豉、ニンニクを濃口醤油、熱したピーナッツ油と合わせたもので、その香りとうまみ、コクが白ミル貝のさっぱりした味わいと甘みを引き立てる。シソは「日本のハーブ」と捉えられることが多いが、原産地はヒマラヤ山麓やミャンマー、中国南部とされ、貴州省や湖南省に多く住むミャオ族（モン族）には、淡水魚の魚卵と豆腐を赤シソと炒め煮にする名物料理がある。

解説 > P120

罗勒炸虾滑
luó lè zhá xiā huá

蝦巻と台湾バジルの素揚げ

水岡孝和 ｜ 南方中華料理 南三

エビのすり身に衣をつけて揚げた「蝦巻」は台湾全土で食べられているスナック（軽食）で、台北ではすり身を湯葉で、台南では豚の網脂で巻いてから衣をつける。ここではすり身にトウモロコシを混ぜ、台南風に豚の網脂で巻いた。そして、揚げ上がりの10秒前にフレッシュの台湾バジルを揚げ油に投入し、その香りを蝦巻にまとわせた。トウモロコシの甘みと清涼感たっぷりのバジルの香りがアクセントとなり、飽きることなくエビのうまみを楽しめる。

解説 > P120

生のフェンネルをサラダとして常食するウイグルの食文化をヒントに発想した冷菜。白鹵水と呼ばれる調味液で煮しめた羊の舌と生のフェンネルを、自家製のセロリマスタード醤で和えた。その醤はセロリとショウガのみじん切りに、粒マスタードと熱したピーナッツ油を合わせたもの。羊の舌はレモングラス、ローリエ、陳皮、セロリの葉などを加えた白鹵水で煮た後、煮汁に浸けたまましっかりと冷やす。そうして羊の舌にぐっと味をしみ込ませている。

解説＞P120

茴香卤羊舌
（ホエイ　シヤン　ルゥ　ヤン　ショオ）
huí　xiāng　lǔ　yáng　shé

羊タンの塩茹で〜フェンネル和え

水岡孝和　｜　南方中華料理 南三

ハーブ中華 / Herb

菠萝喃咪
bō luó nán mī
パイナップル喃咪

中村秀行 | 中国旬菜 茶馬燕

喃咪とは雲南省に多いタイ族の言葉でソースのこと。この喃咪はパイナップルのみじん切りをベルギー・エシャロットやセロリの葉、レモングラスなどと炒めたもので、数種類の豆板醬や泡辣椒（塩水に漬けて発酵させた唐辛子）を合わせて、パイナップルによるほのかな甘みと深みのある辛さを融合させている。最後にレモングラス油を垂らし、爽快な香りをプラスする。

便利調味料を自家製する【ハーブ編】

作り方

❶ 熱した鍋にサラダ油を注ぎ、ベルギー・エシャロット、セロリの葉、レモングラス、ショウガを弱火〜中火で炒めて水分を飛ばす。材料がひたひたになるまでサラダ油（分量外）を注ぎ入れる。
❷ 青唐辛子を加え、焦がさないように炒める（写真1）。
❸ 調味料Aを加えて炒め、豆板醬などの辛みと香りを引き出す（写真2）。
❹ パイナップルを加えて炒め、全体をなじませる（写真3）。
❺ 調味料Bを加えて軽く混ぜる。
❻ ココナッツパウダーを加えてひと煮立ちさせる。
❼ 加熱を止め、レモングラス油を加えて軽く混ぜる（写真4）。
❽ 容器に入れて粗熱をとる。冷蔵庫で保存する。

材料

- パイナップル（みじん切り）　100g
- ベルギー・エシャロット（みじん切り）　中2個
- セロリの葉（みじん切り）　4g
- レモングラス（みじん切り）　3g
- ショウガ（みじん切り）　55g
- 青唐辛子（小口切り）　12g
- ココナッツパウダー　30g
- サラダ油　60mℓ

調味料A
- 豆板醬　75g
- 郫県豆板醬*1　25g
- 泡辣椒*2（ペースト）　30g
- 桂林辣椒醬*3　20g
- 酒醸*4　25g

レモングラス油*5　少量（以下は作りやすい分量）
- レモングラス　15g
- サラダ油　200mℓ

調味料B
- 料理酒　210g
- 濃口醤油　45g
- シーズニングソース（市販品）　45g
- オイスターソース　28g
- 上白糖　19g

*1 P117の54
*2 P117の51
*3 P114の15
*4 P114の22
*5 P118の74

ハーブ中華

菠萝喃咪拌
bō luó nán mī bàn
鱿鱼
yóu yú

ホタルイカの
パイナップル喃咪漬け

中村秀行 | 中国旬菜 茶馬燕

パイナップル喃咪と自家製の油淋鶏のタレを合わせた漬け床にゆでたホタルイカを約5時間漬け込み、冷前菜とした。この喃咪はパイナップルの甘みや酸味がベースだが、レモングラスやセロリの葉などの香りや、豆板醤や泡辣椒（塩水に漬けて発酵させた唐辛子）の辛みも印象的。ホタルイカのうまみと肝の苦みが合わさって重層的な味わいになる。雲南省のタイ族の村で知ったこの喃咪はタイ、マレーシア、シンガポールなどでも広く使われている。

解説>P120

ハーブ中華
Herb

傣族涼拌炸豆腐
dǎi zú liáng bàn zhá dòu fu

炸豆腐と皮蛋の
パイナップル喃咪和え

中村秀行 | 中国旬菜 茶馬燕

油揚げ、ピータン、キュウリ、ミントをパイナップル喃咪で和えた冷製の前菜。パイナップル喃咪のほかに、タイ料理に不可欠な大豆を原料とした調合液体調味料であるシーズニングソースと酢で調味している。パイナップル喃咪の甘みと辛みにミントの爽快な香りがアクセントをもたらし、変化に富んだ複雑な味わいを作り出す。ピータンはうまみの要素であり、蒸した鶏胸肉やエビに置き換えて仕立ててもよい。

解説>P121

ハーブ中華

云南
韭菜花酱
卤山羊

yún nán
jiǔ cài huā jiàng
lǔ shān yáng

香味山羊〜雲南ハーブ醤

水岡孝和 ｜ 南方中華料理 南三

骨と皮付きのヤギのバラ肉をレモングラス、ローリエ、花椒、陳皮、セロリの葉などを加えた調味液で煮しめて、ニラの花のつぼみと小米辣（激辛の唐辛子）の醤油漬けとともに食べる雲南料理。肉の上に見える黒い小片がニラの花のつぼみで雲南料理には不可欠なハーブだが、ニラで代用してもよい。ヤギ肉は皮下のゼラチン質が特有の食感をもたらし、また、加熱時に骨が緩衝材となって肉に火が穏やかに入ることから、骨・皮付きが望ましい。

解説＞P121

韭菜根卤鸡片
jiǔ cài gēn lǔ jī piàn

(ジォウ ツァイ ゲン ルゥ ジィ ピエン)

ニラ根の漬物と鶏の冷製

小山内耕也 | 蓮香

調味液で煮しめた鶏腿肉の冷菜。鹵水と呼ばれる調味液は鶏手羽先、ニラの根の塩漬け、コリアンダーシード、八角、シナモン、濃口醤油などを6時間煮出したもの。ニラの根の塩漬けの強い風味に負けないように、水1000mlに対して手羽先を2kg使っており、その香りと味わいは濃厚だ。ニラの根は生の赤唐辛子とともに塩漬けにしたもので、シーサンパンナ・タイ族自治州の山岳部で調達したもの。ニラやニラの花のつぼみの塩漬けで代用することもできる。

解説＞P121

傣族臭牛皮
dǎi zú chòu niú pí

牛皮の香味和え

小山内耕也 ｜ 蓮香

ハーブ中華　Herb

牛の皮下のコラーゲンの乾物である臭牛皮をもどした後にゆでて、ドクダミの根、ディル、ミント、レモングラスなどと合わせた冷菜。主に雲南省に多いタイ族の料理だ。臭牛皮は黄牛肉とも呼ばれ、雲南省や広西チワン族自治区などでよく食べられる。現地ではザクザクした歯ごたえを残すように仕立てるが、ここでは水に1日浸けてから5時間蒸して、ねっとりした柔らかさとサクサクとした軽快な食感を併せ持った口あたりに仕上げている。

解説 > P122

ハーブ中華 Herb

傣族烤鱼
dǎi zú kǎo yú
(ダイ ズゥ カオ ユィ)

傣族ハーブ焼き魚

中村秀行 ｜ 中国旬菜 茶馬燕

白身魚にディルやシャンツァイなどをのせ、上下をレモングラスで挟んで焼き上げた（写真はティラピアを使用）。主に雲南省に住むタイ族の料理。現地では味つけや使うスパイスに多少違いがあっても、味わいが淡泊な淡水魚をレモングラス（中国語で香茅草）とともに炭火焼きにすることは共通で、「香茅草烤魚（シャンマォツァオカオユィ）」の料理名で親しまれている。レモングラスとディルが主体の複雑な風味が印象的だ。タレは醤油に生の赤・青唐辛子やニンニクなどを漬け込んだもので、こうしたタレとともに味わうのも現地のスタイル。

解説＞P122

傣族番茄喃咪
dǎi zú fān qié nán mī
タイ族トマト喃咪

中村秀行 ｜ 中国旬菜 茶馬燕

中国のタイ族の料理に欠かせない喃咪（＝ソース）。雲南省の市場には専門店があり、タケノコ、ナノハナ、ピーナッツなどを材料とした、実に多様な喃咪が存在する。中でもトマトをベースにした番茄喃咪は、キュウリやサヤインゲンといった生野菜を食べる際などにとくに日常的に使う。材料や分量は作り手によってさまざまなので、オリジナルの喃咪を作るのもよいだろう。

便利調味料を自家製する【ハーブ編】

1

2

3

4

作り方

❶ 薬味をフード・プロセッサーで粗みじん切りにする。

❷ ①にハーブを加え、細かいみじん切りになるまでフード・プロセッサーで回す（写真1）。ボウルに移す。

❸ トマトのヘタを取り除き、網に乗せて表面を焼く（写真2）。皮をむく。

❹ ③をフード・プロセッサーでピュレ状にする。調味料を加え混ぜる（写真3）。

❺ ②に④、ライム果汁を加えて混ぜる（写真4）。

材料

トマト　200g
薬味
- ベルギー・エシャロット（ざく切り）　35g
- ニンニク（薄切り）　5g
- ショウガ（薄切り）　5g
- 赤唐辛子*（半割りにして種を取り除く）　10g

ハーブ
- シャンツァイ（ざく切り）　12g
- スペアミント　6g

調味料
- いしる　6g
- 塩　5g
- 砂糖　2g

ライム果汁　⅙個分

＊沖縄産の島とうがらし（キダチトウガラシ）と韓国産唐辛子をブレンドして使用。

猪皮喃咪
zhū pí nán mī

揚げ豚皮と傣族トマト喃咪

中村秀行 ｜ 中国旬菜 茶馬燕

ハーブ中華 Herb

　トマトの喃咪と猪皮（豚の皮下層の乾燥食品）の素揚げという中国のタイ族にとって定番の組み合わせ。喃咪の作り方はP32の通りで、ベルギー・エシャロット、シャンツァイ、スペアミントの香りとトマトのうまみが渾然一体となり、揚げた猪皮の味わいを補強するとともに、蝦片（エビ煎餅）のように水分のまったくない猪皮を食べやすくする役割も果たす。現地では、猪皮のカリカリ、サクサクの食感を楽しみつつスナック感覚で食べる。

解説＞P122

ハーブ中華 Herb

牛皮喃咪
niú pí nán mi
（ニュウピィナンミィ）

揚げ牛皮と傣族トマト喃咪

小山内耕也｜蓮香

　喃咪とは中国のタイ族の言葉でソースのことで、素揚げした牛皮（牛の皮下層の乾燥食品）や生のナスとキュウリに合わせたのはトマト主体の喃咪。トマトを皮が真っ黒になるまで網焼きしてから包丁で細かく叩き、みじん切りにしたバジル、ミント、ディル、コブミカンの葉、ニンニク、ショウガ、生の赤唐辛子と合わせて、塩やコショウ、レモン果汁で調味している。こうした仕立ては中国のタイ族にはごく日常的なもので、広く親しまれている。

解説＞P122

ハーブ中華
Herb

凉拌猪干巴
<ruby>凉<rt>リヤン</rt></ruby> <ruby>拌<rt>バン</rt></ruby> <ruby>猪<rt>ヂュウ</rt></ruby> <ruby>干<rt>ガン</rt></ruby> <ruby>巴<rt>バァ</rt></ruby>
liáng　bàn　zhū　gān　bā

豚ジャーキーの トマトハーブ和え

小山内耕也 | 蓮香

自家製の豚の干し肉をひと口大にし、湯むきしたトマト、ミント、バジル、シャンツァイ、赤唐辛子、コブミカンの果汁と合わせた冷菜。雲南省のタイ族自治州の料理店で食べた、コブミカンの果汁を搾っただけの豚の干し肉と、それとはまったく別のハルサメの料理の2品が発想の源。「豚の干し肉にジューシーさを足したらもっとおいしくなる」と感じ、ハルサメの料理の薬味だったトマトやミントなどのハーブと組み合わせることを思いついた。

解説＞P123

ハーブ中華　035

ハーブ中華 Herb

舂鸡脚
chōng jī jiǎo
（チョン　ジィ　ジヤオ）

傣族鶏モミジのハーブ和え

水岡孝和 ｜ 南方中華料理 南三

レモングラスなどの香りをきかせた調味液の白鹵水（バイルゥシュオエイ）で煮しめた鶏足（モミジ）をサヤインゲン、トマト、シャンツァイ、ライムなどと合わせた、雲南省に多いタイ族の冷菜。ここではオリジナルのアイデアで、タイ料理で必需のナンプラーと青唐辛子の酢漬けを味の決め手としている。食感のアクセントにとどまらず、この料理のうまみや香り、辛み、酸味を吸ったサヤインゲンの存在感が大きい。現地では、サヤインゲンに代えてキュウリやニンジンを使う店もある。

解説＞P123

干巴牛肉
gān bā niú ròu
(ガン バァ ニュウ ロウ)

雲南回族干し牛肉
～揚げミント添え

中村秀行 ｜ 中国旬菜 茶馬燕

ハーブ中華 Herb

牛腿肉の自家製干し肉を、ミントをサッと揚げた油で素揚げした。中国全土に分布するイスラム教信者の回族の中でも、雲南省や貴州省などで暮らす人たちに伝わる料理。揚げたミントは茶葉のような苦みがあるが、干し肉と口に入れると、鼻から抜ける香りに清涼感が広がる。干し肉は塩や五香粉(ウシャンフェン)などのスパイスをすり込み、半月ほど熟成させたもの。本来は保存食である干し肉は大量の塩を使って作るが、現代風に塩分量を控えた作り方としている。

解説＞P123

ハーブ中華 Herb

薄荷牛肉
ボォ ホォ ニュウ ロウ
bò he niú ròu

雲南ハーブステーキ
小山内耕也 | 蓮香

料理名の「薄荷」はミントのことで、牛サーロインをミントをはじめ、バジル、ディル、ニンニク、青・赤唐辛子などとサッと炒め合わせた。雲南省のタイ族の料理で、現地では仕上げにフレッシュハーブをさらに盛り、肉より存在感が大きくなることも珍しくない。赤身の強い牛肉を使うのが現地流だが、ここではサシが入った肉に置き換え、その濃厚なうまみとハーブのフレッシュさという組み合わせによるリズム感のあるおいしさを強調している。

解説＞P124

ハーブ中華
Herb

花茶蒸对虾
ホワ チャア ヂョン ドェイ シヤ
huā chá zhēng duì xiā

活車海老のジャスミン茶蒸し
～塩ライム添え

中村秀行 ｜ 中国旬菜 茶馬燕

濃く淹れたジャスミン茶を張った鍋に蒸し器をのせ、ジャスミン茶から上がる蒸気で活けのクルマエビを1～2分間蒸した。エビの殻をむくと、ジャスミン茶の爽やかな香りが漂い、生臭さは感じない。添えているのは塩、黒コショウ、ライムの果汁を合わせたもの。これら3つの要素の組み合わせは、ベトナムと国境を接する広西チワン族自治区で出合ったもの。塩気と酸味がエビのうまみの輪郭を明確にし、そのおいしさをストレートに引き出す。

解説＞P124

首鸟炒雉
ショウ ニヤオ チャオ ヂィ
shǒu niǎo chǎo zhì

雉の何首烏炒め

中村秀行 ｜ 中国旬菜 茶馬燕

キジのガラからとっただしで何首烏という生薬を蒸して、その蒸し汁を塩、いしるなどで調味。そうして作ったスープでキジの胸と皮付きの腿の肉を炒めた。ともに炒めたのはレンコン、金針菜。何首烏とは、中国原産のタデ科ツルドクダミの肥大した根（塊根）を乾燥させたもので、ほのかな苦みが全体を品のよい印象にまとめる。また、カレーを思わせるそのスパイシーな香りが、さっぱりとした淡泊な味わいのキジ肉にアクセントをもたらす。

解説＞P124

ハーブ中華 039

ハーブ中華 / Herb

水豆鼓炒香蕉花
shuǐ dòu chǐ chǎo xiāng jiāo huā
(ショエイ ドウ チィ チャオ シヤン ジヤオ ホワ)

バナナの花と猪の
トゥアナオ炒め

中村秀行 ｜ 中国旬菜 茶馬燕

バナナの花のつぼみ(写真右)とイノシシのバラ肉を、納豆のような大豆の発酵食品であるトゥアナオや豆板醤などと炒めた。雲南省に多いタイ族のポピュラーな仕立てで、バナナの花のつぼみは中国南部では日常的に食べられる。ほんのりと感じるバナナの香りがトゥアナオの発酵香と寄り添い、イノシシ肉のしっかりとした味わいと重なる。つぼみの芯部はタケノコの穂先、内側にある成長前のバナナの実は柔らかいワラビのような食感。バナナの花のつぼみは脂にうまみと香りがのった肉と合い、豚三枚肉で代用してもよい。

解説>P124

鱼肠橄榄
yú cháng gǎn lǎn
(ユィ チャン ガン ラン)

マンボウのモツと広東オリーブ炒め

小山内耕也 ｜ 蓮香

マンボウの腸、つる植物である夜来香(イェライシャン)のつぼみ、橄欖(ガンラン)の塩漬けの炒めもの。中国南部では夜来香の花を食用とする。橄欖はオリーブによく似た果実で「広東オリーブ」とも呼ばれ、ハーブのような香りと干し梅のような酸味があり、ここでは半割りにして炒めて香りを引き出した。マンボウの腸はクセのない味わいとコリコリとした食感で、「上品なミノ」といった印象。夜来香の甘やかな香りとほのかな甘み、苦み、橄欖の香りと酸味がその味わいを補強する。

解説＞P125

ハーブ中華 Herb

咸柠檬蒸鸟头鱼

(シエン ニン モン ヂョン ニヤオ トウ ユイ)

xián níng méng zhēng niǎo tóu yú

ボラの塩レモン蒸し

小山内耕也 | 蓮香

ボラの腹にコブミカンの塩漬けを詰め、コブミカンの葉にのせて蒸籠で1尾丸ごと蒸した。香港ではポピュラーな仕立てで、コブミカンとともに味の決め手となっているのがユィチャップと呼ばれる蒸し魚用のソース。水からシャンツァイの根と茎や甘草を煮出して、ナンプラーやグラニュー糖で調味したものだ。ほのかに甘みのある醤油ベースのソースとコブミカンの塩漬けの苦みと塩気、酸味が、ともすると泥臭くなってしまうボラの本来の清らかなおいしさをしっかりと引き立てる。

解説＞P125

便利調味料を自家製する【ハーブ編】

薄荷韭菜醤
bò hé jiǔ cà jiàng
（ボォ ホォ ジォウ ツァ ジヤン）

雲南ニラミント醤

水岡孝和 ｜ 南方中華料理 南三

雲南省のタイ族のハーブの使い方をヒントにして発想したオリジナルの醤。それぞれきざんだニラ、ミント、レモングラスに熱した油をまわしかけ、ナンプラーと酢で調味する。油で加熱することですべてのハーブの個性が渾然一体となり、香りが調和する。また、油をかけたら即座に急冷してハーブに熱が入りすぎるのを止め、鮮やかな緑色が生きた仕上がりとする。

作り方

❶ すべてのハーブをボウルに入れる（写真1）。
❷ ①のボウルよりひと回り大きなボウルに氷水を用意する。
❸ ピーナッツ油を180〜200℃に熱し、①に加える（写真2）。
❹ ③をボウルごと②のボウルに浸けて急冷する。ナンプラー、酢を加える（写真3）。
❺ 味がなじむように混ぜる（写真4）。

材料　ハーブ（すべてみじん切り）　　ピーナッツ油　400㎖
　　　　├ ニラ　200g　　　　　　　　ナンプラー　大さじ3
　　　　├ ミント　200g　　　　　　　酢　大さじ1
　　　　├ レモングラス　50g
　　　　├ ショウガ　50g
　　　　└ 木姜子*（乾燥）　30g　　　＊P118の67

ハーブ中華

薄荷韭菜烤羊排
bò he jiǔ cài kǎo yáng pái

ラムバラ肉のロースト〜雲南ニラミント醤

水岡孝和 | 南方中華料理 南三

ハーブ中華 Herb

子羊のバラ肉のオーブン焼きに、雲南ニラミント醤をたっぷりと合わせた。中国タイ族のハーブの使い方をヒントに考案した仕立て。子羊肉はクミンの香りをきかせたタマネギが主体の漬け床に半日間以上漬け込み、その後に薄力粉とコリアンダーの衣をまとわせてオーブン焼きにする。焼き上がった肉に雲南ニラミント醤をのせたら、醤の表面をガスバーナーで炙って香りを存分に引き立たせて提供する。ゆでた豚足や鶏肉で同様に仕立ててもよい。

解説＞P125

ハーブ中華 Herb

跳水鱼
tiāo shuǐ yú
(ティヤオ ショエイ ユイ)

貴州茹で魚〜麻辣ハーブソース

中村秀行 ｜ 中国旬菜 茶馬燕

卵白と片栗粉の衣をまとわせてゆでた白身魚の切り身を、レモンバームの香りと酢の酸味をきかせた麻辣味のタレで味わう。この仕立ては四川系、湖南系の2通りに大別できるが、写真は前者。現地ではもっぱら草魚(青鯇)と呼ばれるゼラチン質が多いコイ科の淡水魚を用いるが、ここで使ったプリッとした食感のアンコウのほか、ホウボウなども好適だ。複雑な辛みと酸味がきいたソースの厚みのある味わいが、白身魚の上品なうまみと抜群に合う。

解説>P126

老姜三杯鸡
lǎo jiāng sān bēi jī

三杯鶏〜台湾バジル添え

水岡孝和 ｜ 南方中華料理 南三

ハーブ中華 / Herb

ひねショウガの風味を十分に移したゴマ油で炒めた鶏腿肉を、カラメルで色づけした中国たまり醤油、グラニュー糖、台湾米酒（玄米が原料の蒸留酒）などが材料の合わせ調味料である三杯で煮込み、煮汁がグツグツと沸き立った熱々で提供する。この料理は江西省の名菜といわれるが、台湾でとくに人気で現地では必ず台湾バジルを添える。甘酸っぱい味わいが印象的だが、ひねショウガと台湾バジルの清涼な香り、そして赤唐辛子の辛みが全体を引き締める。

解説＞P126

酸木瓜汤
suān mù guā tāng

西双版納パパイヤスープ

小山内耕也 ｜ 蓮香

酸木瓜と呼ばれる非常に酸味の強い果実の乾物を水に浸けて蒸してもどし、その蒸し汁と上湯でトマトやモリーユ茸を煮たスープ料理。雲南省シーサンパンナ・タイ族自治州や貴州省などに住むタイ族による料理だ。トマトのうまみやシャンツァイの香り、青唐辛子の辛みが重なるが、脳天に響くような鮮烈でシャープな酸味が印象的。うまみが強くて品のある上湯のようなスープを使うのがポイント。現地では魚や豚肉を具材とする仕立てもある。

解説＞P126

ハーブ中華

云南腌韭菜花拌米线
ユンナンイエンジョウツァイホワ バンミィシエン
yún nán yān jiǔ cài huā bàn mǐ xiàn

雲南ニラ花醤とミントの和え麺

水岡孝和 | 南方中華料理 南三

料理名にある雲南ニラ花醤とは、ニラの花のつぼみと生の赤唐辛子のみじん切りを塩や白酒と1ヵ月間ほど漬け込んで発酵させたもの。発酵によって和らぐものの、ニンニクとネギが一体となったようなニラの花のつぼみの香りが印象的だ。この雲南ニラ花醤をミントやニラ、トマト、炒めた牛挽き肉と合わせて、モチモチの食感が強い太いビーフンと和えた。乾燥のビーフンは事前に水に1日浸けておくことで、ゆで時間を30秒間にとどめている。

解説＞P126

包烧饵丝
bāo shāo ěr sī

発酵米粉のハーブ包み焼き

小山内耕也 | 蓮香

ハーブ中華 Herb

雲南省などに多いタイ族は、モチゴメの粉を練った生地を発酵させて製麺したビーフンを好む。ここではそのビーフンをもどしてゆでて生の赤唐辛子や調味料とともに炒めてから、ミント、バジル、ディルなどと和えてバナナリーフに包んでオーブン焼きにした。料理名にある「包烧」といえば、バナナリーフで包んで焼いてその香りをまとわせた料理を指すほどにタイ族には一般的な手法で、魚、豚肉、牛肉、キノコといったさまざまな食材も包烧で仕立てる。

解説>P127

ハーブ中華
Herb

怪噜炒饭
ゴワイ ルゥ チャオ ファン
guài lū chǎo fàn

貴州ドクダミ炒飯

小山内耕也 | 蓮香

生のドクダミの根のみじん切りを加えた貴州省の名物炒飯。ドクダミの香りはクセを感じる一方、食べ進むうちにすっきりと爽やかな印象を受ける。この料理の味の決め手は糟辣椒（ツァオラージャオ）。生の赤唐辛子、ショウガ、ニンニクを塩、麹（白酒（バイジョウ）を加えることもある）で漬け込んで発酵させたもので、貴州省ではよく使われる調味料だ。現地でもここでも味わいのアクセントに塩漬けの干し肉である腊肉（ラァロウ）のうまみを使っているが、生の豚肉などで代用してもよい。

解説＞P127

绿豆沙
lù dòu shā

緑豆沙

小山内耕也 ｜ 蓮香

乾燥の緑豆を水から煮て、グラニュー糖などで甘みをつけた香港定番のデザート。仕上がり直前に、ミカン科の多年草で柑橘系の香りがする臭草を加えるのが現地流だ。緑豆は解熱の薬効があるとされるが、この料理は夏に限らず通年で食べられ、温冷どちらにも仕立てる。ここではレモンの果汁を垂らして、さっぱりとシャープな印象の冷製とした。豆らしい素朴な味わいが生きるので、甘さはもの足りないぐらいがちょうどいい。緑豆を陳皮、昆布とともに煮て、その香りとうまみを吸わせるのがポイント。

解説＞P127

冻顶乌龙茶梅
dòng dǐng wū lóng chá méi

完熟梅の凍頂烏龍茶煮

中村秀行 ｜ 中国旬菜 茶馬燕

生のウメの実を台湾特産の凍頂烏龍茶の茶葉、砂糖とともに水から煮て、その煮汁とともに冷やして食べるデザート。台湾の仕立てだ。完熟に向かう黄色がかったウメを使うとよりいっそうおいしく仕上がる。烏龍茶の香りがじっくりとしみたウメは爽やかな甘みと酸味、そしてお茶の苦みが重なった奥深い味わい。台湾では、烏龍茶をはじめ紅茶や桂花茶（キンモクセイの花の香りを移した緑茶）でウメを煮た茶梅がお茶請けなどとして広く親しまれている。

解説＞P128

発酵中華

Fermentation

発酵中華 / Fermentation

螃蟹喃咪
páng xiè nán mī

茹でインゲンと淡水蟹の発酵喃咪

小山内耕也 | 蓮香

主役は写真中央の黒いペースト。サワガニの塩漬けをフェンネル、ディル、ミントなどのハーブや生の青唐辛子、カー（ショウガ科の根茎）とともにすりこぎでつぶしながら混ぜ合わせたもので、中国のタイ族の言葉で「喃咪布（ナンミィブゥ）」と呼ばれるディップだ。強烈な塩気、ハーブの苦み、唐辛子とカーの辛み、サワガニの塩漬けのうまみが一体となった非常に強い味わい。サワガニの塩漬けは活けのカニをそのまま塩漬けにして発酵させたもので、タイ食材専門店で仕入れた。

解説 > P128

火龙果腌制生姜
フオ　ロン　グオ　イエン　ヂィ　ション　ジヤン
huǒ　lóng　guǒ　yān　zhi　shēng　jiāng

新生姜の
ドラゴンフルーツ果汁漬け

水岡孝和　│　南方中華料理 南三

塩もみした新ショウガを赤色のドラゴンフルーツのジュースがベースの漬け汁に漬け込んで発酵させた、前菜にも箸休めにもなる仕立て。漬け汁には花椒の香りを移した油、塩、砂糖、酢を加えている。ドラゴンフルーツの果汁に砂糖を加えるため漬け汁はやや甘めだが、ショウガの辛みと花椒の痺れる麻味がきいており、日本のいわゆるショウガの甘酢漬けほど甘くない。中国南部や台湾では、ドラゴンフルーツの果汁に漬け込んだダイコンも有名。

解説＞P128

発酵中華
Fermentation

乳饼 （ルゥビン rǔ bǐng） 雲南山羊チーズ

中村秀行 | 中国旬菜 茶馬燕

発酵中華 Fermentation

乳餅とは牛の乳などに酢を加えて凝固させて作ったチーズのことで、写真はヤギ乳製。雲南省の大理ペー族自治州や石林イ族自治県で伝統的に作られている。その乳餅を薄く切って片栗粉をはたき、フライパンで表面を焼いた。ヤギ乳らしいさっぱりとした味わいの中にほのかな酸味と甘み、乳脂肪のほどよいコクを感じる。添えているのは花椒を混ぜた塩。乳餅は現地では牛乳でも作るが、日本で流通する牛乳で作る場合は低温殺菌乳を使用する。一般的な超高温殺菌乳はたんぱく質が変性していて凝固しないので注意が必要。

解説 > P128

乳扇はヤギ乳などで作った乳餅(P56参照)を薄く延ばして板状に乾燥させた乳製品の保存食品。写真は、乳扇を160℃の油で揚げながら棒に巻きつけてハマナスのジャムを塗ったもので、雲南省の大理ペー族自治州ではこうした形状で屋台で売られている。合わせるのはジャムや豆豉を甘く調味したものなどさまざま。また、蒸すなどしてもどした乳扇で小豆やソラマメの餡を包んだり、サンドイッチのようにハムや野菜を挟んだりする食べ方もある。

解説>P128

白族乳扇
bái zú rǔ shàn

雲南揚げチーズ

小山内耕也 | 蓮香

小鱼豆豉
xiǎo yú dòu chǐ

小魚豆豉

小山内耕也 | 蓮香

干した小魚をコリアンダーシードやニンニク、赤唐辛子、豆豉とともに炒めて作った醬。砂糖の甘みもあり佃煮のようでもあるが、豆豉の大豆発酵食品ならではのうまみと塩気の印象が強い。広東省広州市では螞魚という海水魚、香港では鯪魚というコイ科の淡水魚のいずれも乾物を用いるが、日本で自家製する場合はチリメンジャコや煮干しで代用すると作りやすい。

便利調味料を自家製する【発酵編】

作り方

1. 鍋にピーナッツ油を注ぎ入れてスパイスを加え、弱火で加熱してスパイスの香りを油に引き出す（写真1）。
2. ニンニクを加え、弱火で加熱して香りを油に引き出す。
3. 赤唐辛子を加え、弱火で加熱して辛みを油に引き出す。
4. 豆豉（水で洗い、水気をよくきっておく）を加え、弱火で加熱して全体をなじませる（写真2）。
5. 干螞魚を加え、中火で加熱する（写真3）。
6. 鍋が煮立ったら揚げベルギー・エシャロットを加え、焦げつかないようにかき混ぜながら中火で1時間加熱する。
7. 砂糖を加えて全体をなじませる（写真4）。

材料

- 干螞魚*1　150g
- 豆豉　250g
- ピーナッツ油　100mℓ
- スパイス
  - フェンネル（乾燥）　大さじ1
  - コリアンダーシード　大さじ1
  - 陳皮*2　10g
- ニンニク（薄切り）　10片
- 赤唐辛子（乾燥／小口切り）　大さじ2
- 揚げベルギー・エシャロット　大さじ2
- 砂糖　大さじ2

*1　大きめのチリメンジャコや小さめの煮干しで代用可能。
*2　P116の42

小鱼豆豉凉拌凉瓜
xiǎo yú dòu chǐ liáng bàn liáng guā

ニガウリの小魚豆豉和え

小山内耕也 | 蓮香

ゆでたニガウリと和えたのは、干した小魚を豆豉などと炒めた醤である小魚豆豉（P58参照）。この醤は豆豉のうまみだけでなく、ともに炒めたニンニクや揚げベルギー・エシャロットの香ばしさ、赤唐辛子の辛み、フェンネルやコリアンダーシードといったスパイスの豊かな香りが持ち味で、広東省広州市をはじめ香港や台湾では万能調味料として一般的に使われている。そのうまみや香ばしさと、ニガウリの爽やかな苦みがほどよく調和する。

解説＞P129

小鱼豆豉炒全菌
xiǎo yú dòu chǐ chǎo quán jūn

キノコの小魚豆豉炒め

小山内耕也 | 蓮香

素揚げしたホンシメジとエリンギ、ゆでた生キクラゲを小魚豆豉（P58参照）と炒め合わせた。いずれも少量のピーナッツ油と紹興酒を合わせて加熱した小魚豆豉は、かば焼きのタレを思わせる、あとを引く甘じょっぱい味わい。広東省の広州などでは小魚豆豉は缶詰でも出回り、ベビーハクサイにネギ、ニンニクとともにのせて蒸す「豆豉鯪魚娃娃菜」や、結球しないチシャとともに炒めた「豆豉鯪魚油麦菜」など、小魚豆豉を使った名物料理が多くある。

解説＞P129

易门水豆豉大黄瓜
（イメンショエイドウチィ ダァホワンゴワ）
yì mén shuǐ dòu chǐ dà huáng guā

水豆豉とキュウリ炒め

小山内耕也 ｜ 蓮香

キュウリとともに炒めたのは易門水豆豉。雲南省玉溪市の易門県の特産で、水でもどした大豆と泡辣椒（塩水に漬けて発酵させた唐辛子）を塩水に漬け込んで発酵させた食品だ。この易門水豆豉とともにキュウリの味わいを補強しているのが、本来は蒸し魚用のソースであるユイチャップ。水からシャンツァイの根や茎、甘草を煮出して、ナンプラーやグラニュー糖で調味したもので、醤油主体のうまみとハーブの複雑な香りをもたらしている。

解説＞P129

普耳茶酥豆芽
（プゥアルチャアスゥドウヤ）
pǔ ěr chá sū dòu yá

発芽大豆の雲南プーアル茶炒め

小山内耕也 ｜ 蓮香

コーンスターチをまぶした発芽大豆を、お湯で開かせたプーアル茶の茶葉、金華ハム、シャンツァイ、花椒を合わせた塩とともに炒めた。現地雲南省では宣威火腿（雲南ハム）と紅芸豆（レッドキドニービーンズ）を使うが、ここでは金華ハムと発芽大豆で仕立てた。ホクホクとした食感が持ち味の発芽大豆のおいしさを引き立てるのが、金華ハムのうまみと雲南省特産のプーアル茶の香り。良質なプーアル茶は炒めるとシソのような清涼感のある香りを発する。

解説＞P129

泡制牛腱
pào zhì niú jiàn
パオ ヂィ ニュウ ジエン

牛すね肉の泡菜

中村秀行 ｜ 中国旬菜 茶馬燕

香味野菜とともに蒸して柔らかくした牛スネ肉の塊を、泡辣椒（塩水に漬けて発酵させた唐辛子）とその漬け汁、ニンニク、シャンツァイ、八角などを加えた調味液に24時間漬け込んだ。料理名にある泡菜とは本来は1週間ほどかけて発酵させたものだが、この料理はすでに発酵した泡辣椒の漬け汁に肉を漬け込むことで発酵由来の味と香りを肉にしみ込ませることを狙ったもの。キノコ類や鶏足（モミジ）、豚の耳といった食材でも同様に仕立てることができる。

解説＞P130

発酵中華 / Fermentation

水豆豉
shuǐ dòu chǐ

水豆豉

中村秀行 ｜ 中国旬菜 茶馬燕

雲南省、湖南省*、四川省の一部などでよく使われる大豆発酵食品。圧力鍋で煮た大豆を30℃で48時間発酵させ、塩、赤・青唐辛子、花椒などとともに大豆の煮汁に浸けて1週間熟成させる。一般的な豆豉は麹菌で発酵させるが水豆豉は乳酸菌による発酵で、香りは日本の納豆に近いが納豆菌による発酵ではないため糸は引かない。現地ではもっぱら炒めて使う。

*湖南省では臘八豆（ラァパァドウ）と呼ばれる。

便利調味料を自家製する【発酵編】

作り方

❶ 大豆を重量の3倍量（分量外）の水に浸け、常温に一晩置く（写真1）。

❷ 大豆を浸けていた水ごと圧力鍋に入れ、大豆がひたひたになるまで水（分量外）を足す（写真2）。

❸ 圧力鍋を強火で加熱し、加圧開始後2分で加熱を止める。

❹ 圧力鍋の加圧が止まったら（加熱を止めて約10分後）蓋を開け、大豆が指でつぶれる程度の硬さであることを確認する。

❺ 大豆と煮汁を分ける。大豆を殺菌したヨーグルトメーカーに入れ、30℃で48時間発酵させる（写真3／発酵が成功すると豆が白っぽくなる）。煮汁は別の容器に移して冷蔵庫で保存する。

❻ 冷蔵庫で保存していた煮汁に、発酵させた大豆の重量の5％の塩を加えて混ぜる。

❼ 発酵させた大豆、塩を加えた煮汁、香辛料を合わせてよく混ぜる（写真4）。密閉して冷蔵庫に入れて1週間熟成させる。

材料

- 大豆（乾燥） 150g
- 大豆の煮汁 250㎖
- 塩 発酵後の大豆の重量の5％

香辛料
- 赤唐辛子（小口切り） 2本
- 青唐辛子（小口切り） 2本
- 花椒 少量
- ショウガ（みじん切り） 5g

水豆豉炒蛋
shuǐ dòu chǐ chǎo dàn

貴州納豆の卵炒め

中村秀行 ｜ 中国旬菜 茶馬燕

卵と水豆豉(P62参照)だけを炒め合わせた一品。卵に水豆豉、水豆豉の漬け汁、水溶き片栗粉を加えて空気が入るように大きくかき立ててから炒めて、ふんわりと軽やかな食感に仕上げる。水豆豉の発酵によるうまみと香りが卵のコクと重なり、シンプルな見た目に反して味わいは濃厚だ。塩水に浸けて乳酸発酵させた大豆発酵食品である水豆豉は雲南省や四川省、貴州省などではその名で呼ばれているが、湖南省では腊八豆と呼ばれている。

解説＞P130

発酵中華 *Fermentation*

水豆豉炒青椒
shuǐ dòu chǐ chǎo qīng jiāo

万願寺唐辛子の水豆豉炒め

中村秀行 ｜ 中国旬菜 茶馬燕

京都・舞鶴で作られる京野菜の万願寺とうがらしと水豆豉(P62参照)の炒めもの。鶏湯と水豆豉の漬け汁を少量ずつ加えてうまみ、風味を足している。水豆豉の塩気と発酵香が万願寺とうがらしのほんのりとした苦み、甘みと絡み合い、奥深い味わいを作る。構成要素が少ないからこそ、水豆豉の持ち味が生きる仕立てだ。ここでは甘唐辛子を使ったが、中国現地であれば湖南省や雲南省などで栽培されるうまみと辛みを兼ね備えた唐辛子で作る。

解説＞P130

発酵中華 Fermentation

黑三剁
hēi sān duò

大頭菜の漬物と粗挽き肉の炒めもの

小山内耕也 | 蓮香

大頭菜(ダァトウツァイ)はアブラナ科の変種で、球状に肥大した茎部を主に漬物にして食べる。古漬けになって十分に発酵すると黒ずんだ色になり、中国では黒大斗(頭)菜(ヘイダァトウツァイ)と呼ばれる。写真は、黒大頭菜と泡辣椒(パオラァジャオ)(塩水に漬けて発酵させた唐辛子)の2種の漬物と粗挽きの豚肩ロース肉の炒めもので、現地の雲南料理店では定番中の定番。漬物の塩分があるので、調味はオイスターソースと砂糖、仕上げに黒酢を加える程度にとどめる。ここでは米餅(ミィビン)という煎餅を添えたが、白飯にのせて食べるスタイルも一般的。

解説＞P130

赤唐辛子を多めに入れた糠床で漬けたナスの糠漬けは、雲南省では一般的な発酵食品。発酵によるうまみと香り、酸味、そして塩気を生かして、食材としてだけでなく調味料のように味や香りの要素としても使われる。この料理においての使い方もまさにそうで、拍子木切りにして素揚げしたジャガイモをニンニク、ショウガ、赤唐辛子の風味をしみ込ませるように炒めたうえで、仕上げに加えて糠漬けならではの味わいと香りをプラスしている。

解説＞P130

発酵中華 / Fermentation

茄子鲊炒洋芋
チエ　ズ　ヂャア　チャオ　ヤン　ユィ
qié　zi　zhà　chǎo　yáng　yù

ナスぬか漬けとジャガイモ炒め

小山内耕也 ｜ 蓮香

参巴酱
cān bā jiàng
サンバルソース

中村秀行 ｜ 中国旬菜 茶馬燕

赤唐辛子、ベルギー・エシャロット、ニンニクを炒め煮にし、小エビを塩漬けにして発酵させた蝦醤、トマトピューレ、砂糖などで調味した醤。サンバルソースはマレー料理やインドネシア料理の調味料だが、ニョニャ（マレーシアの中華系移民の男性とマレー系の女性との間に生まれた女性）によって発生した、マレー半島周辺に広がるニョニャ料理においても使われる。

便利調味料を自家製する【発酵編】

作り方

❶ 赤唐辛子のヘタと種を取り除き、水とともにミキサーで回す（写真1）。
❷ ベルギー・エシャロットとニンニクをフード・プロセッサーで粗みじん切りにする。
❸ 中華鍋を火にかけてサラダ油を注ぎ入れ、②のベルギー・エシャロットとニンニクを弱火で炒めて水分を飛ばす（写真2）。
❹ ③の鍋に①を加え、混ぜながら弱火で加熱する（写真3）。
❺ 調味料を加え、グラニュー糖を溶かす（写真4）。

材料

赤唐辛子　100g
水　120ml
ベルギー・エシャロット（ざく切り）　100g
ニンニク（薄切り）　40g
サラダ油　170ml
（ベルギー・エシャロットとニンニクがひたひたになる量）

調味料

蝦醤*1　30g
トマトピューレ　67g
タマリンド*2　40g
グラニュー糖　43g
塩　6g

*1　P115の26
*2　梅干しで代用可能。

参巴酱焯秋葵
cān bā jiàng chāo qiū kuí
(ツァン バァ ジャン チャオ チュウ コェイ)

オクラのサンバルソース和え

中村秀行 ｜ 中国旬菜 茶馬燕

ほどよい食感が残るようにゆでたオクラをサンバルソース(P66参照)で和えた。小エビの発酵調味料である蝦醤(シャジャン)とトマトのうまみ、ベルギー・エシャロットやニンニクの香ばしさが重なり合ったサンバルソースが、オクラのやさしい味わいを引き立てる。と同時に、強く主張しないオクラの風味が、サンバルソースのおいしさを前面に押し出す。ごくシンプルな仕立てだが、ビールなどにぴったりの酒肴。オクラを焼きナスに置き換えてもおいしい。

解説＞P131

発酵中華 Fermentation

参巴烧对虾
cān bā shāo duì xiā
(ツァン バァ シャオ ドェイ シヤ)

サンバル海老チリ

中村秀行 ｜ 中国旬菜 茶馬燕

殻付きのエビを煎り焼いてからサンバルソース(P66参照)と、ショウガや醤油を加えた鶏湯(ジィタン)で煮た、いわゆるエビチリ。主役のエビと、サンバルソースの味わいの決め手といえる小エビを発酵させた蝦醤(シャジャン)が合わさり、エビのうまみがぐっと際立つ。とはいえ、仕上げに加えたレモングラス油の香りがアクセントとなり、しつこさは感じない。ニョニャ料理(P9参照)では、この仕立てに独特の香りがある豆、臭豆(チョウドウ)(マレー語でペタイ)を加えることも多い。

解説＞P131

宣威火腿皮豆汤

シュアン ウェイ フオ トェイ ピィ ドウ タン
xuān wēi huǒ tuǐ pí dòu tāng

発酵中華 / Fermentation

雲南ハムと赤インゲン豆のスープ

小山内耕也 | 蓮香

雲南省名産の宣威火腿（雲南ハム）の皮の部分を薄切りにし、紅芸豆（レッドキドニービーンズ）とともに水から炊くスープ料理。ここでは流通の都合から、雲南ハムは金華ハムに、豆は北海道産キントキマメに置き換えて仕立てた。シンプルながら金華ハムの強いうまみと発酵香が重なり、またコラーゲンが溶け出るため、味わい、粘度ともにじつに濃厚。豆にもスープのうまみがしっかりとしみ込んでおり、うまみの固まりのような料理だ。見た目は地味でも、現地で食べると感激のおいしさ。

解説＞P131

発酵中華 / Fermentation

破布子炒山苏
ポォ ブゥ ズ チャオ シャン スゥ
pò bù zi chǎo shān sū

オオタニワタリと燻製豚肉の破布子炒め

水岡孝和 ｜ 南方中華料理 南三

腊肉(干し肉)とシダ植物の一種であるオオタニワタリ、食感がオリーブに似ている破布子という木の実のたまり醤油漬けを炒めた、台湾台南県の料理。破布子は発酵しており、そこまで強くはないが梅干しのような酸味がある。腊肉は自家製で、干した肉を燻製したもの。台湾では炒めものにしてよく食べられるオオタニワタリの苦み、腊肉のうまみと燻製香、破布子の穏やかな酸味が重なり合った、味わいのバラエティが豊かな一品。

解説＞P131

酸玉米排骨蒸
suān yù mǐ pái gǔ zhēng
(ソワン ユィ ミィ パイ グゥ ヂョン)

苗族の発酵トウモロコシと豚排骨の蒸し物

小山内耕也 | 蓮香

発酵中華 / Fermentation

料理名にある酸玉米(ソワンユィミィ)とは、粗挽きのトウモロコシ粉を泡辣椒(パオラジヤオ)(塩水に漬けて発酵させた唐辛子)とともに発酵させた漬物。ここでは豚スペアリブをその酸玉米をはじめ醤油、オイスターソース、ゴマ油、レモングラス、コブミカンの葉などとよく揉み込んでから弱火で50分間蒸した。湖南省や湖北省のミャオ族(モン族)はこの料理を塩味で仕立てるのが一般的だが、豚のスペアリブはやはり醤油の味と好相性だと考えて味つけにアレンジを施した。

解説＞P132

酸笋焖鸭
(ソワン スゥン メン ヤ)
suān sǔn mèn yā

発酵タケノコと鴨の煮込み

中村秀行 ｜ 中国旬菜 茶馬燕

酸笋(発酵タケノコ)は広東省南雄市が産地として有名なマチク(麻竹)を塩水に漬けて発酵させた漬物。写真は、鴨の胸肉と腿肉を酸笋とその漬け汁とともに鶏湯(ジャタン)で煮込んだ広東料理だ。味つけは同量の醤油と酒(紹興酒と料理酒を合わせたもの)、そして砂糖など。酸笋の発酵由来の酸味や香りなどのクセはけっして弱くないが、鶏肉と比べて味の濃い鴨肉とともに食べることで味と香りが調和する。本場の南雄には、ここに生唐辛子を多めに加えて煮込む店が多い。

解説＞P132

イカの一夜干し、干しエビ、銀魚（イシユイ）と呼ばれるオオシラウオの素揚げをモヤシ、赤ピーマン、カシューナッツ、ニラなどと炒めた。味の決め手になっているのは、小エビを塩漬けにした発酵調味料である蝦醬（シヤジヤン）。発酵によって生じたその強いうまみと塩気が、さまざまな食材の持ち味をくっきりと際立てる。また、モヤシは水からゆでてから炒めるのがポイント。そうすることによってモヤシの歯ごたえと透明感が鮮明になり、料理の完成度が一段高まる。

解説＞P133

大澳虾膏小炒皇
dà ào xiā gāo xiǎo chǎo huáng

干しイカと野菜の
海老発酵醬炒め

小山内耕也 ｜ 蓮香

発酵中華 Fermentation

燜酸鴨
（メン ソワン ヤ）
mèn suān yā

鴨のなれずし炒め煮

中村秀行 ｜ 中国旬菜 茶馬燕

酸鴨は鴨のなれずし。蒸したモチゴメに塩、ニンニク、コブミカンの葉、一味唐辛子を加えた漬け床で、1羽丸ごとの骨付き鴨肉を常温で数日間（夏は2〜3日間、冬は4〜5日間）、その後冷蔵庫で1週間発酵させたものだ。この酸鴨を塩抜きと柔らかい食感に仕上げるために一度蒸してから、トマト、ピーマン、鶏湯と炒め煮にした。鴨をはじめ豚や牛の肉のなれずしは貴州、湖南、江西の各省一帯の少数民族の間では一般的に作られる。漬け床は、肉を漬け込んだ後でも雑菌が入っていなければヨーグルトに似た爽やかな香りを発する。

解説＞P133

発酵中華 Fermentation

烤酸肉
kǎo suān ròu
(カオ ソワン ロウ)

豚肉麹漬けのロースト

水岡孝和 ｜ 南方中華料理 南三

豚肩ロースのなれずしにその漬け床を衣のようにつけて、200℃のオーブンで15分間焼いた。肉のなれずしは、モチゴメ、米麹、赤唐辛子、ショウガなどを混ぜて2日間発酵させた漬け床に、豚肩ロースを1週間漬け込んだもの。焼き上がった肉はほのかな酸味があり、食べるとうまみの長い余韻を感じる。また、焼けた漬け床はモチゴメや麹の甘み、香ばしさがあり、それだけで食べてもおいしい。肉を牛肉や鶏肉に置き換えても同様に仕立てられる。

解説＞P133

炸紅糟肉
zhá hóng zāo ròu
(ヂャア ホン ザオ ロウ)

豚ロース紅麹漬け唐揚げ

水岡孝和 ｜ 南方中華料理 南三

紅糟はモチゴメに紅麹や酒を合わせて寝かせた発酵調味料。ここでは、豚肩ロースを紅糟が主体の漬け床に1日漬け込み、その肉にタピオカ粉をつけて揚げた。漬け床には、豆腐を発酵させた紅腐乳なども加えている。豚肩ロースはうまみが増すとともに食感が柔らかくなり、揚げたタピオカ粉特有のガリっとした歯ごたえとの対比が印象的。紅糟の故郷とされる福建省福州市では、豚肉や鶏肉、ウナギなどを紅糟と炒めた仕立てが広く親しまれている。

解説＞P134

自家製の臭魚は、豆腐を漬け汁に漬けて発酵させた臭豆腐、白酒、一味唐辛子などを水と合わせた発酵液にティラピアを漬け込み、常温で発酵させたもの（夏は1〜2日間、冬は3〜4日間）。この臭魚を素揚げしてから、泡辣椒（塩水に漬けて発酵させた唐辛子）、チリペースト、花椒などとともに鶏湯で煮て、煮汁にアオサノリを加えてとろみをつけてソースとした。臭魚の発酵によるうまみと独特の香りに、濃縮した鶏湯のうまみ、赤唐辛子の辛みが絡み合う。湖南省や安徽省の名菜で、当地では鱖魚と呼ばれるスズキ目の淡水魚を用いることが多い。

解説＞P134

洞庭臭鱼
dòng tíng chòu yú

臭魚〜アオサノリと豆板醤ソース

中村秀行 ｜ 中国旬菜 茶馬燕

発酵中華 / Fermentation

炸酸鱼
zhá suān yú
ギャア ソワン ユイ

白身魚の揚げなれずし

中村秀行 ｜ 中国旬菜 茶馬燕

料理名にある酸魚（ソワンユイ）とは魚のなれずしのこと。ここで使った酸魚は、蒸したモチゴメに塩やコブミカンの葉、一味唐辛子などを加えた漬け床にティラピアを漬けて、常温で発酵（夏は2～3日間、冬は4～5日間）させてから冷蔵庫で1週間なじませたもの。その酸魚を漬け床をつけたまま白絞油で揚げ炒めにした。酸魚は発酵の過程で水分が抜けてうまみが凝縮して、ねっちりとした弾力のある食感となり、揚げ炒めにすることで焼いたチーズのような香ばしさと味わいが加わる。酸魚と漬け床の発酵香が移った白絞油も皿に流し、そのバターのような香りとコクを添える。

解説＞P134

臭豆腐は豆腐を発酵液に漬けて作る発酵食品で、中国南部を中心に親しまれている。ここでは、シャンツァイ、ハクサイ、タケノコの水煮、干しエビ、蝦醤(小エビを塩漬けにした発酵調味料)などを加えた水を常温で2週間ほど発酵させ、その発酵液に木綿豆腐を半日から1日漬けた。そしてその臭豆腐を油で揚げて、豆板醤や沙茶醤などを合わせたタレを塗り、ラッキョウの甘酢漬けやシャンツァイのみじん切りなどの薬味をたっぷり添えている。臭豆腐の独特の発酵香にタレのうまみと辛み、薬味の爽やかな香りが混じり合い、重層的な味わいを作る。

解説 > P135

香辣臭豆腐
xiāng là chòu dòu fu

香り薬味臭豆腐

水岡孝和 | 南方中華料理 南三

発酵中華 Fermentation

臭豆腐肥肠煲
chòu dòu fu féi cháng bāo
(チョウ ドウ フゥ フェイ チャン バオ)

臭豆腐とモツの麻辣煮込み

水岡孝和 ｜ 南方中華料理 南三

豆腐を漬け汁に漬けて発酵させた臭豆腐を、調味液で煮しめた豚の大腸とともに麻辣味に煮込んだ。麻辣味を作っているのは自家製の醤で、四川省成都市郫県で作られる郫県豆板醤やピーナッツ油、豆豉などを合わせたもの。臭豆腐、調味液で煮しめた豚の大腸ともすでに塩気があるが、両者を合わせて煮込む際も塩気をきかせるのがこの料理の特徴。台湾では、臭豆腐と豚の大腸を、魚介のうまみが凝縮した沙茶醤で調味したスープで煮込んだ「臭臭鍋」が人気だ。

解説＞P135

潮州豆酱豆腐
cháo zhōu dòu jiàng dòu fu
(チャオ ヂョウ ドウ ジャン ドウ フゥ)

蒸し豆腐 潮州豆醤ソース

小山内耕也 ｜ 蓮香

蒸した毛瓜(トウガンの変種)と絹ごし豆腐をつぶしながら混ぜて鶏湯で煮て、潮州豆醤が主体のタレで食べる。潮州豆醤は水に浸けた大豆を蒸し煮にし、麹を加えて液体発酵させた大豆発酵調味料。ここではニンニクやショウガとともに炒めてから鶏湯でのばしてタレとし、鶏湯のうまみを吸った毛瓜と豆腐を潮州豆醤の発酵由来のうまみで味わう仕立てとした。花椒を加えた辣油を垂らすと、香ばしさと麻辣味がアクセントになり食べ飽きない。

解説＞P136

湖南鱼子豆腐
hú nán yú zi dòu fu
（フゥナンユィズドウフゥ）

魚卵の猛毒豆腐

中村秀行 ｜ 中国旬菜 茶馬燕

発酵中華 Fermentation

石川県産の珍味であるフグの卵巣の糠漬けをペーストにし、ニンニク、ショウガ、豆板醤（ドゥバン）、豆豉（ドゥチ）と炒める。そこに鶏湯（ジィタン）や干しシイタケ、醤油などとともに豆腐を加えて煮立てた。「魚子豆腐（ユィズドウフゥ）」は湖南省の郷土料理。当地では主に淡水魚の生の卵巣が使われ、豆板醤で調味するほか、麻辣味（マァラァ）や塩味など味つけはさまざまだ。ここではフグの卵巣の糠漬けを使ったが、鮒ずしの卵巣を用いてもよく、それらの発酵によるうまみと香りが味わいの決め手となる。

解説＞P136

発酵中華　081

酱凤梨
jiàng fēng lí
(ジャン フォン リィ)

発酵パイナップル醤

水岡孝和 ｜ 南方中華料理 南三

パイナップルを豆麹で発酵させた醤。砂糖、塩、白酒(パイジョウ)が加わり、甘酸っぱさと塩気と発酵香が重なるとともに味噌のようなコクがある。中華圏でも主に台湾で食べられており、豚や鶏といった肉をはじめ白身の魚とも好相性だ。パイナップルの酵素が手伝うため発酵が進みやすく、毎日容器を振って内容物の上下を入れ替えるのが作り方におけるポイント。

便利調味料を自家製する【発酵編】

作り方

❶ ボウルに調味料を入れる(写真1)。
❷ パイナップルを加えて混ぜ合わせる(写真2)。
❸ 滅菌したガラス瓶などに入れる(写真3)。
❹ 常温に置き、水分が出てきたら冷蔵庫に入れる。毎日容器を振って内容物の上下を入れ替えて発酵を進める。7～10日間で完成(写真4の右は10日間漬けたもの)。

材料
パイナップル(ひと口大)　600g
調味料
　上白糖　225g
　塩　75g
　白酒　60mℓ
　豆麹　約200mℓ(計量カップ1杯分)

荫凤梨苦瓜鸡汤
yīn fèng lí kǔ guā jī tāng

鶏とニガウリと発酵パイナップル醬のスープ

水岡孝和 | 南方中華料理 南三

発酵中華 Fermentation

鶏の手羽中と白ニガウリをゆでてアク抜きし、パイナップル醬(P82参照)を加えた鶏湯で軽く煮込んだ。パイナップルを発酵させたパイナップル醬は台湾でよく食べられ、この料理も家庭で一般的に作られる。パイナップル醬以外に使っている調味料は少量の塩と酒、ゴマ油のみ。シンプルな構成の仕立だが、鶏肉のうまみと白ニガウリの苦みに、パイナップル醬の甘酸っぱさと塩気、味噌のようなうまみが重なり合い、味わいは複雑で変化に富む。

解説>P137

酱香凤梨烤鱼

ジヤン シヤン フォン リィ カオ ユイ
jiàng xiāng fèng lí kǎo yú

発酵パイナップル醤の焼き魚

水岡孝和 | 南方中華料理 南三

発酵中華 / Fermentation

キンメダイを腹開きにして皮目をパリパリに焼き上げ、パイナップル醬(P82参照)とトマトを合わせてスイートチリソースと海鮮醬(大豆が原料の甘い味噌)で調味したものをのせた。パイナップル醬は甘みの中に強い塩気があり、発酵香と重なって、濃厚な甘酸っぱさをたたえた味噌のよう。その味わいとキンメダイのクセのないうまみが合わさり、インパクトのあるおいしさを作り出す。魚は淡白な味わいの白身魚であれば同様に仕立てることができる。

解説>P137

発酵中華 Fermentation

発酵中華 / Fermentation

黄瓜皮蒸鱼
huáng guā pí zhēng yú
（ホワンゴワピィ ヂョンユィ）

白身魚の蒸し物 〜黄色キュウリの漬物と広西オリーブ

小山内耕也 ｜ 蓮香

黄瓜皮(ホワンゴワピィ)と呼ばれるキュウリの漬物、橄子(ランズ)(オリーブ)の塩漬け、ショウガの塩水漬けをみじん切りにしてハタにのせて蒸籠で蒸し上げた。広西チワン族自治区の海沿いの地域の料理で、当地では魚は主にスズキを用いる。この土地の産物である黄瓜皮と橄子の塩漬けは塩気が強く、その塩味で味を決める。魚は新鮮なものを使うが、ペーパータオルに包んで冷蔵庫で1日寝かし、余分な水分を取り除いてから蒸す。それにより、ふんわりとした食感に仕上がる。

解説＞P137

発酵中華
Fermentation

発酵中華
Fermentation

剁椒鲶鱼
ドゥオ ジヤオ ニエン ユィ
duò jiāo nián yú

鯰の発酵唐辛子蒸し

水岡孝和 ｜ 南方中華料理 南三

発酵中華 Fermentation

蒸したナマズの上にのせたのは"発酵薬味"。その薬味とは、赤唐辛子をニンニクとともに塩で乳酸発酵させた剁椒（ドゥアジヤオ）と、塩水漬けにして発酵させたラッキョウの漬物を合わせて、熱したピーナッツ油をまわしかけたもの。剁椒の発酵由来の香りとうまみが主役ともいえ、その風味によってナマズの濃厚な味わいが飽きずに楽しめる。湖南料理を代表するこの料理は、現地では鱅魚（ヨンユィ）と呼ばれるコイ科のコクレンの頭を使うが、タイの頭で仕立ててもおいしい。

解説＞P138

スパイス中華

Spice

药膳卤鸭
yào shàn lǔ yā
(ヤオ シャン ルゥ ヤ)

台湾風鴨の
スパイス煮込み

水岡孝和 ｜ 南方中華料理 南三

スパイス中華

鴨の頭、首、舌、水かきを鹵水（ルゥショエイ）といわれるタレで煮しめた。ここで使った鹵水の材料は醤油、砂糖、ショウガ、ニンニク、草果、甘草、八角、クローブ、花椒など。このように鹵水で材料を煮しめた料理は鹵菜（ルゥツァイ）と呼ばれ、冷めても味が変わらないので冷菜（前菜）として提供し、家庭では保存食にもされる。鴨のそれぞれの部位は鹵水で煮しめた後にリンゴの木のスモークチップで燻製しており、鹵水の香りにさらに燻製香が重なった複雑な香りが印象的だ。

解説 > P138

药膳蚕豆
ヤオ シャン ツァン ドウ
yào shàn cán dòu

戻し空豆の薬膳蜜煮

中村秀行 ｜ 中国旬菜 茶馬燕

乾燥のソラマメをもどし、八角、桂皮（シナモン）、陳皮、ショウガの絞り汁、ザラメ、少量の醤油とともに煮込んだ薬膳仕立ての煮豆。甘い味つけにスパイスをきかせるというアプローチは、インドや東南アジアの食文化にも見られる。この料理では、ソラマメの味を引き出すために、特定のスパイスの個性を突出させることなくそれぞれの持ち味を調和させている。ソラマメのうまみにスパイスの香りが複雑に重なり、あとから甘みが追いかけてくる。

解説＞P138

Spice
スパイス中華

鴨胸肉のローストに、五味子ソースと黒酢ソースを合わせたソースを合わせた。五味子は落葉性つる植物のチョウセンゴミシの果実で、乾物が生薬として流通する。酸・苦・甘・辛・塩の5つの味があることからその名がついたといわれる。この五味子を水に浸して蒸し、蒸し汁ごと上白糖、ハチミツ、塩と合わせたのが五味子ソース。鴨の肉と脂の力強いうまみを甘酸っぱいソースで味わうという仕立てで、その構成は西洋料理とも通じる。

解説＞P139

五味子汁烤鴨
ウ　ウェイ　ズ　ヂィ　カオ　ヤ
wǔ　wèi　zi　zhī　kǎo　yā

鴨のロースト〜五味子ソース

中村秀行　中国旬菜 茶馬燕

沙茶醬
shā chá jiàng

沙茶醬

水岡孝和 ｜ 南方中華料理 南三

インドネシア発祥とされ広東省や台湾でよく使われる、強いうまみと香ばしさが特徴の醬。扁魚干(シタビラメの乾物)と台湾エシャロットをカリカリに揚げてから、カツオ節やココナッツ粉、一味唐辛子、ピーナッツ油とともにペーストにして鍋で煮込む。焦がさないように弱火で加熱するのがポイントだ。カツオ節ではなく蝦醬や干しエビを加えるレシピもある。

便利調味料を自家製する【スパイス編】

作り方

❶ 扁魚干を160℃の白絞油(分量外)でカリカリになるまで揚げる(写真1)。

❷ 台湾エシャロットを160℃の白絞油(分量外)でカリカリになるまで揚げる(写真2)。

❸ ①、②、ペースト材料をミキサーにかけてペースト状にする(写真3)。

❹ 中華鍋にピーナッツ油を注ぎ入れて③を加える。焦がさないように混ぜながら弱火で加熱し、沸騰させる(写真4)。

❺ 濃口醬油を注ぎ入れ、弱火で約5分間煮る。

材料

扁魚干*	100g
台湾エシャロット(みじん切り)	150g

ペースト材料

カツオ節(粉)	100g
ピーナッツ粉	100g
ココナッツ粉	100g
一味唐辛子	30g
ピーナッツ油	400mℓ

ピーナッツ油	600mℓ
濃口醬油	300mℓ

＊扁魚干　シタビラメの乾物。

沙茶烤茭白
シャア チャア カオ ヤオ バイ
shā chá kǎo jiāo bái

焼きマコモダケの沙茶醬和え

水岡孝和 ｜ 南方中華料理 南三

スパイス中華

蒸したマコモダケを沙茶醬(P96参照)と和えた前菜。マコモダケはタケノコの穂先のような食感とかすかな甘み、そしてヤングコーンのような香りが特徴で、味わいはあっさりとしている。そのため、ただ和えただけでは沙茶醬のうまみに負けてしまう。そこで、最後に表面をガスバーナーで炙ってマコモダケに香ばしさをまとわせて、沙茶醬のおいしさとバランスをとる。シンプルだからこそ、その均衡がつり合って初めて成立する仕立て。

解説＞P139

沙茶鹿肉 鹿肉の沙茶醬炒め

シャア チャア ルゥ ロウ
shā chá lù ròu

水岡孝和 ｜ 南方中華料理 南三

スパイス中華

鹿肉と九条ネギを沙茶醬(P96参照)とともに炒めた。肉は夏鹿の内腿で、味わいは濃厚だが、あと味がさっぱりとしている。そのため、シタビラメの乾物やカツオ節といった魚介由来の強いうまみを持つ沙茶醬を組み合わせて、おいしさに変化をつけるとともに余韻を持続させる。鹿肉と沙茶醬のうまみをしっかりと吸った九条ネギの存在感も大きく、その歯ごたえと甘み、香りがアクセントとなり、飽きることなく食べ進めることができる。

解説＞P139

挽き肉を練って作る肉餅はハンバーグやミートパイのような料理。柑橘類の皮の乾物である陳皮の香りと苦みで風味づけした仕立ては、広東省広州市などでは家庭料理として一般的だ。香港では牛肉を使うことが多いが、食感が柔らかくソースとなじむことから、ここでは豚肉を用いた。ソースは醤油とおよそ同量のハチミツを合わせて甘めの味つけ。陳皮の清涼な香りと苦みが重なり、肉の味わいを深める。写真では、黒く変色した20年物の陳皮を使用した。

解説＞P139

陈皮肉饼
チェン ピィ ロウ ビン
chén pí ròu bǐng

陳皮煮込みハンバーグ

小山内耕也 ｜ 蓮香

スパイス中華 Spice

脆皮肥肠
cuī pí féi cháng

ネギ入りパリパリ大腸

水岡孝和 ｜ 南方中華料理 南三

タレで煮しめた豚の大腸にネギを射し込み、180℃の油をくり返しかけて表面をパリパリに仕上げた。大腸は玫瑰露酒（ハマナスの花の香りを移した白酒）で洗って臭みを取り除いておく。玫瑰露酒は南方の食文化において、肉の下味調味料や内臓の臭みを消す目的で使うことが多い。大腸にネギを詰めるアイデアは主に台湾で見られ、腸の臭み消しのためだが、大腸の表面のパリパリの食感の後にネギのシャキッとした歯ごたえが続き、口あたりも楽しい。

解説＞P140

タレで煮しめてから素揚げしたウサギの腿肉を、素揚げしたジャガイモ、混合香辛料、塩とともに炒めた四川料理。混合香辛料はクミンとフェンネルのパウダー、一味唐辛子、花椒を合わせたものだが、料理の味わいはやさしい香辣味だ。それでいて肉に味と香りがのっているのは、タレで20分間煮た後、そのまま常温で2～3時間漬け込んでいるから。煮る際は約85℃を維持することで、肉をパサつかせずにしっとりとした口あたりに仕上げている。

解説＞P140

香辣兎
xiāng là tù
シヤン ラァ トゥ

揚げ兎～香辣スパイス仕立て

中村秀行 ｜ 中国旬菜 茶馬燕

スパイス中華 Spice

麻辣油封香鱼
má là yóu fēng xiāng yú
(マァラァ イウフォン シヤンユィ)

鮎の麻辣コンフィ

水岡孝和 ｜ 南方中華料理 南三

丸ごとのアユをクミンシードや花椒、ローリエと白絞油に浸けて、そのまま100℃のオーブンで4時間加熱。そのアユを豆板醤や赤唐辛子、数種の醤油、黒酢と軽く煮込む。中国ではアユは食材として登場せず、この料理はオリジナル。料理名にある油封（イウフォン）とはフランス語の「コンフィ」の意味で、食材を油脂に浸けて低温で加熱する手法は中国でも活用されている。アユの身のおいしさと肝の苦みに麻辣味（マァラァ）、黒酢の酸味が重なり、厚みのある味わいを作る。

解説＞P140

醉鸡煲
ゾェイ ジィ バオ
zuì jī bāo

酔っぱらい薬膳鶏

小山内耕也 | 蓮香

スパイス中華

鶏腿肉、3種の生薬、レタスが具材の鍋料理で、レタスはしゃぶしゃぶのようにスープで軽く加熱して食べる。下調理で鶏肉を紹興酒でマリネするのが料理名の由来。この料理はスープのおいしさがポイントで、鶏湯に金華ハムを加えて蒸籠で蒸してうまみを強化したスープを使っている。生薬は、マメ科の植物キバナオウギの根である北芪、アメリカニンジンなどとも呼ばれる花旗参、ナツメ。唐辛子の辛みと昆布のうまみをきかせたタレを添える。

解説>P141

鶏湯と牛乳を合わせたスープで骨付きの鶏肉とハクサイを煮込み、仕上げに実山椒の香りを移した油を垂らした。四川料理の仕立て。実山椒の清涼感のある香りによって、濃厚なうまみとコクのスープの味わいがシャープになり、鶏肉は胸と腿の肉を用いていることで食感が豊か。ハクサイはダイコンやカブ、夏であればズッキーニなどに置き換えてもよい。また、好みのタイミングで麺を加えてもおいしい。

解説＞P141

土鸡白菜山椒汤
トゥ　ジィ　バイ　ツァイ　シャン　ジヤオ　タン
tǔ　jī　bái　cài　shān　jiāo　tāng

地鶏と白菜の青山椒スープ

中村秀行　｜　中国旬菜 茶馬燕

湖南辣子羊排
hú nán là zi yáng pái
（フゥ ナン ラァ ズ ヤン パイ）

ラム排骨の香辣揚げ

水岡孝和　｜　南方中華料理 南三

骨付きの子羊バラ肉をショウガをきかせた醤油風味のタレに1日漬け込み、乾燥の赤唐辛子とともに揚げた。特徴は子羊バラ肉の食感のコントラスト。サツマイモデンプンにタピオカ粉を混ぜた衣をまぶして揚げることで表面はガリっとしたしっかりした歯ざわりである一方、肉はタレに漬け込むことでジューシーで柔らかい仕上がり。コリアンダーやクミンの粉末、ガラムマサラ、一味唐辛子、塩を合わせた自家製の混合香辛料でスパイシーさをプラスする。

解説＞P141

烤包子
kǎo bāo zi

ウイグルのラム肉サモサ

水岡孝和 ｜ 南方中華料理 南二

「烤包子」とは新疆ウイグル自治区の庶民的スナック（軽食）。クミンの風味をしっかりきかせた子羊の挽き肉の餡を小麦粉の生地で包んで当地流のオーブンで焼いたものだ。ここでは、クミンシードとともに炒めた子羊の挽き肉とカボチャのマッシュ、カマンベールチーズを市販の春巻きの皮で巻き、オーブンで焼いた。現地では、餡を包む生地は分厚いものから極薄のものまで作り手によってさまざまで、生地の厚みにより味わいや印象は大きく変わる。

解説＞P142

芝麻薄饼
<small>ヂィ マァ バオ ビン</small>
<small>zhī má báo bǐng</small>

クミンとゴマの薄焼きパン

中村秀行 ｜ 中国旬菜 茶馬燕

「芝麻薄餅」は「ゴマ入り薄焼きパン」の意味で、中国各地にさまざまな仕立てがある。たとえば新疆ウイグル自治区では、発酵させた生地に白ゴマとクミンシードを混ぜ、ピザのように縁を厚く成形してオーブンで焼く。写真の仕立ては、発酵させていない生地に無塩バターを塗り、パイのように折り畳んでから円形に延ばしてフライパンで焼いたもの。生地のほのかな甘みにバターの香りとコク、白ゴマの香ばしさとクミンの香りが合わさり、やさしい味わい。

解説＞P142

鶏腿肉をトマト、そしてクミンシードや八角、桂皮（シナモン）といったスパイスとともにビールで煮込んだ、新疆ウイグル自治区の郷土料理。ビールを加えて汁気を飛ばしながら煮込み、鶏肉にトマトのうまみやスパイスの香りをしみ込ませる。八角や桂皮の深みのある香りがトマトの風味と一体となり、クミンの香りが鶏肉の味わいを引き締める。言ってみれば、トマトがきいたカレーのような味わいだ。肉を牛や子羊に置き換えてもよい。

解説＞P142

大盘鸡
dà pán jī

新疆大盤鶏

水岡孝和 ｜ 南方中華料理 南三

スパイス中華 Spice

スパイス中華

手抓饭
(ショウ ヂョワ ファン)
shǒu zhuā fàn

ポロ
～ラム肉炊き込みごはん

水岡孝和 ｜ 南方中華料理 南三

生のジャスミンライスをタマネギ、ターメリックと炒めてから炊いたピラフと、子羊のスジ肉とトマトのビール煮込みの組み合わせ。ウイグル族の名物郷土料理だ。現地では調味液でマリネした子羊の肉をジャスミンライスとともに炊き込むケースが多いが、子羊の煮込みの完成度を高めるために別で調理し、炊き上がったピラフに混ぜて仕上げるという作り方にアレンジしている。カシューナッツをあしらったが、レーズンを用いるスタイルも多い。

解説＞P142

馕坑烤羊腰
náng kēng kǎo yáng yāo
(ナンコンカオヤンヤオ)

ウイグル羊腎臓(マメ)衣焼き

水岡孝和 ｜ 南方中華料理 南三

スパイス中華

子羊の腎臓をクミンの風味をきかせた漬け床に漬け込み、薄力粉、ターメリック、コリアンダーなどを合わせた衣をつけてオーブンで焼いた。新疆ウイグル自治区の民族料理で、当地ではインドのタンドールに似た馕坑(ナンコン)というオーブンで焼く。子羊の腎臓は独特の味わいと香りが持ち味だが、香辛料の香りと一体となってこの料理特有の風味を作る。仕上げにふりかけるガラムマサラや一味唐辛子を合わせたスパイス塩が、さらにスパイシーさを際立たせる。

解説＞P143

食 材 ・ 調 味 料 解 説

番号	食材・調味料名	掲載ページ(料理解説ページ)	解説
1	青唐辛子の酢漬け アオトウガラシノスヅケ	36(123)	中国では野山椒(イエシャンジヤオ)という野生の小型の唐辛子を酢漬けにして使うことが多い。タイ食材専門店で手に入るプリックナムソム(唐辛子の酢漬け)で代用可能。自家製する場合は青唐辛子を小口切りにしてひたひたの醸造酢で漬け込めば半日で使える。
2	夜来香 イエライシヤン	41(125)	中国南部原産のつる植物。香水原料としても使われるが、中国南部を中心に、6〜10月頃に咲く淡い緑色を帯びた黄色の花を食用とする。辛くない唐辛子のような苦みと甘み、若干の青臭さがある。和名はトンキンカズラ。国内市場には流通しないが、ベトナム料理店などに直接卸す農家が国内にもいる。
3	易門水豆豉 イメショエイドウチィ	60上(129)	雲南省玉渓市の易門県の特産とされ、水でもどした大豆と泡辣椒(塩水に漬けて発酵させた唐辛子)を塩水に漬け込んで作る大豆発酵食品。納豆のような香りがほのかに漂い、食感はしっとりとして、舌と上顎でつぶれるほどの柔らかさ。
4	銀魚 インユィ	73(133)	シラウオ科の魚で淡水〜汽水〜海水域に生息する。中国では10種以上のシラウオを料理に使う。体長20cmにもなる大銀魚(ダアインユィ)もいる。国内ではチリメンジャコなどで代用する。
5	五香粉 ウシヤンフェン	37(123)、 47上(126)	桂皮(シナモン)、クローブ、フェンネル、花椒、八角、陳皮などの粉末を混ぜて作るブレンドスパイス。5種で構成されるとは限らない。
6	雲南ニラ花醤 ウンナンニラハナジャン	48(126)	中国では云南腌韭菜花醤(ユンナンイエンジョウツァイホワジャン)。ニラの花のつぼみと赤唐辛子のみじん切りを塩、白酒、少量の砂糖と1ヵ月間ほど漬け込んで作る。同じニラの花で作る醤に腌韭菜(イエンジョウツァイ)、韭花醤(ジョウホワジャン)と呼ばれるものもある。これらはニラの花を細かくきざみ、塩と白酒で漬け込んで作る。主に東北部で、しゃぶしゃぶなどの羊肉料理の薬味として使われている。
7	オオタニワタリ オオタニワタリ	70(131)	チャセンシダ科の熱帯性の植物。台湾では炒めものの食材として広く食べられている。国内では沖縄でヤエヤマオオタニワタリの新芽を炒めたり天ぷらにしたりして食べる。
8	カー カー	54(128)、 80上(135)、 100(140)	ショウガ科の根茎のこと。カーとはタイ語で、中国語では高良姜(ガオリヤンジャン)や莨姜(リヤンジャン)、英語ではgalangal(ガランガル)、日本では南姜(なんきょう)などと呼ばれる。原産地は南アジアやインドシナ半島とされ、ショウガに比べて色は白く、香りは強く、辛みがある。
9	海鮮醤 カイセンジャン／ ハイシエンジャン	84(137)	広東料理などの南方系の中国料理で使われる味噌で、北方の甜麺醤(ティエンミエンジャン)にあたる。原料は大豆や小麦で魚介は入っていない。独特のコクと甘みがある。

番号	食材・調味料名	掲載ページ(料理解説ページ)	解説
10	何首烏 カシュウ	39下 (124)	タデ科のつる性多年草ツルドクダミの塊根部分を乾燥させたもの。中国原産で江戸時代に薬用植物として日本に入ってきたものが野生化した。漢方薬局などで入手できる。
11	甘草 カンゾウ／ガンツァオ	42 (125)、60上 (129)、71 (132)、80上 (135)、86 (137)、92 (138)、100 (140)、94 (138)	中国北部が原産地とされるマメ科の多年草。乾燥品が生薬として流通する。その甘みを煮出して鹵水の味つけなどに使う。
12	橄欖 ガンラン	41 (125)	カンラン科の常緑高木。果実はオリーブによく似ていて中国オリーブともいわれる。ハーブのような香り、干し梅のような酸味がある。生で食べる白欖(バイラン)、塩漬けなどの加工に使う烏欖(ウラン)がある。塩漬けしたものはきざんだりペーストにしたりして使うことが多い。香港では市場ではあまり見かけないが、半乾燥品が調味料専門店で売られている。
13	黒クコの実 クロクコノミ	51上 (127)	ナス科クコ属の果実で、中国の雲南省や青海省、チベットなどが産地として有名。ブラックゴジベリーとも呼ばれる。国内でも乾燥品が流通する。一般的な赤いクコの実は枸杞子(ゴウチィズ)と呼ばれる。
14	桂皮 ケイヒ／ゴェイピィ	72 (132)、80上 (135)、92 (138)、94 (138)、100 (140)、109 (142)	クスノキ科の常緑高木の樹皮をはいで筒のように巻いたもの。乾燥品が生薬として流通する。シナモンやカシアとも呼ばれる。
15	桂林辣椒油 ゴェイリンラァジヤオイウ	24、77 (134)	チリペースト。瓶詰めの製品が流通する。
16	コブミカン コブミカン	42 (125)	タイ、マレーシア原産の柑橘類の一種でミカン科ミカン属。英語ではkaffir lime(カフィア・ライム)。塩水に漬けた咸檸檬(シエンニンモン)は主に潮州料理で調味料として使われる。
17	コブミカンの葉 コブミカンノハ	42 (125)、71 (132)、74 (133)、78 (134)	タイ、マレーシア原産の柑橘類の一種でミカン科ミカン属のコブミカンの葉。タイ語ではバイマックルー。ハーブとして使われる。乾燥品はアジア食材専門店などで手に入るが、生の葉を冷凍して輸入している業者もある。
18	五味子 ゴミシ／ウウェイズ	95 (139)	チョウセンゴミシの成熟果実。乾燥品が生薬として流通する。酸・苦・甘・辛・塩の5つの味がすることから、この名がついたとされる。
19	糟辣椒 ザオラアジヤオ	50 (127)	唐辛子の酒粕漬け。赤唐辛子、ショウガ、ニンニクを塩と麹(もしくは白酒)で漬けた調味料で、貴州省の料理で主に使われる。
20	サワガニの塩漬け サワガニノシオヅケ	54 (128)	サワガニを生きたまま塩漬けにした保存食品。殻ごと叩きつぶして使う。タイ食材専門店などで、タイから輸入した冷蔵品が手に入る。タイ語でプーパラー。
21	鶏湯 ジィタン	63下 (130)、67下 (131)、72 (132)、74 (133)、77 (134)、80上 (135)、80下 (136)、81 (136)、83 (137)、105 (141)	鶏、鶏の骨でとったスープ。鶏は若鶏よりも老鶏のほうが味があり脂肪が少ないためよいとされる。
22	酒醸 ジォウニヤン	24	モチゴメに米麹を加えて発酵させた調味料。ほのかに甘い。

番号	食材・調味料名	掲載ページ（料理解説ページ）	解説
23	沙茶醤 シャアチャアジャン	79（135）、96、 97（139）、98（139）	インドネシアに端を発し広東省に伝わったとされる、サテ（串焼き肉）に用いる調味料。本書では乾燥させたシタビラメとカツオ節で作った（P96）。
24	小米辣 シヤオミィラァ	26（121）	中国で使われる小粒で辛みの強いキダチトウガラシの一種。果実は2〜5cmほどの大きさで、国内ではシマトウガラシ、タイではプリックキーヌーと呼ばれる。国内でも塩水漬けの瓶詰めなどが流通する。
25	蝦膏 シヤガオ	73（133）	広東語ではハーゴウ。小エビを塩漬けにして発酵させ、水分を飛ばして固めた調味料。
26	蝦醤 シヤジヤン	36（123）、66、 73（133）、76上（133）、 79（135）、80上（135）	小さいアミの類を漁獲してすぐ塩漬けし、余分な水分を除いて発酵させたペースト状の調味料。塩辛に似た味わいがある。瓶詰めの製品が流通する。
27	上湯 シャンタン	47下（126）	毛湯（マオタン。老鶏や鶏ガラ、豚ガラからとる普段使いのスープ）よりも上等な素材を使った高級スープ。または、老鶏、赤身肉などからとる広東料理のスープ。
28	宣威火腿／ 雲南ハム シュアンウェイフオトェイ	60下、68	雲南省宣威県産の中国版生ハム。国内では入手が難しいため、浙江省金華地区産の金華火腿（ジンホワフオトェイ。金華ハム。皮付き）などで代用する。
29	生抽 ションチョウ	50（127）、70（131）、 80上（135）、100（140）	広東の濃口醤油。輸入品が流通する。
30	白ニガウリ シロニガウリ	83（137）	白ゴーヤー、白レイシなどの名前で沖縄県産が流通する。濃緑色のニガウリよりも苦みが弱い傾向があるとされる。
31	草果 ソウカ／ツァオグオ	80上（135）、 92（138）、 100（140）	ショウガ科の多年草の果実。乾燥品が生薬として流通する。やや甘辛みがあり、香りがある。国内ではビッグカルダモン、ブラウンカルダモン、ワイルドカルダモンなどとも呼ばれて流通する。
32	酸木瓜 ソワンムゥゴワ	47下（126）	ボケの実。ボケの実は宣木瓜（シュアンムゥゴワ）で、酸味が非常に強い。これを輪切りにして乾燥させたのが酸木瓜干（ソワンムゥゴワガン）。雲南省や貴州省などで流通する。
33	大虎蝦干 ダァフゥシヤガン	73（133）	タイショウエビなどの大型のエビを乾燥させたもの。香港を中心に広東料理で主に使われる。老虎蝦干（ラオフゥシヤガン）とも呼ばれる。
34	傣族花椒 ダイズゥホワジヤオ	18（119）	中国のタイ族が主に使う花椒。一般的な花椒よりも日本の山椒に近い柑橘っぽい香りがする。タイ族は乾燥品を使い、花椒油を作ったりはしない。スープに入れることが多い。
35	台湾米酒 タイワンミィジォウ	23（120）、26（121）、 36（123）、47上（126）、 50（127）、70（131）、 76下（134）、83（137）、 92（138）	玄米を原料とした台湾産の蒸留酒で、料理酒として用いる。アルコール度約20度。

番号	食材・調味料名	掲載ページ(料理解説ページ)	解説
36	潮州豆醤 チャオヂョウドウジヤン	80下 (136)	水で浸漬した大豆を蒸煮し、麹と水を加えて液体発酵させた大豆発酵調味料。中国では「普寧豆醤(プゥニンドウジヤン)の名でも流通する。
37	猪皮 ヂュウピィ	33 (122)	豚の皮下、ゼラチン質層の乾燥食品。国内ではタイ、フィリピン、メキシコなどの食材を扱う店で手に入る。
38	臭草 チョウツァオ	51上 (127)	ミカン科の多年草でヘンルーダとも呼ばれる。レモングラスやコブミカンの葉などで代用してもよい。
39	朝天唐辛子 チョウテントウガラシ	46 (126)	辛みの強い赤唐辛子で、中国では朝天椒(チャオティエンジヤオ)。国内でも一部の農家が栽培しており、生鮮品も流通する。乾燥品や粉末は中華食材店などで手に入る。
40	臭豆腐 チョウドウフゥ	77 (134)、79 (135)、80上 (135)	発酵液に漬け込んで発酵させた豆腐。国内でも瓶詰めの製品が流通する。
41	臭牛皮 チョウニュウピィ	29 (122)	牛の皮を数枚重ねて常温で数日間、水に浸けて数日間発酵させ、その後に乾燥させたもの。表面を焦げるまで焼いて残った毛を焼き切った後、水に数時間浸けて焦げを落とし、もどす。雲南省シーサンパンナ・タイ族自治州などでよく食べる。
42	陳皮 チンピ/チェンピィ	23 (120)、26 (121)、36 (123)、51上 (127)、58、80上 (135)、94 (138)、99 (139)、100 (140)	柑橘類の果実の皮の乾燥品。「陳」は古いという意味で、古いもののほうがよいとされる。
43	地瓜粉 ディゴワフェン	106 (141)	サツマイモデンプンにタピオカ粉を混ぜた粉。地瓜はサツマイモのこと。国内でも輸入品が流通する。
44	トゥアナオ トゥアナオ	40 (124)	蒸したりゆでたりして加熱した大豆を、バナナの葉の裏やシダ系の植物の葉などに付着している枯草菌で発酵させた大豆発酵食品。乾燥させていないもの、乾燥させてせんべい状やおにぎり型などにしたものがある。トゥアナオはタイ北部、ラオス北部、ミャンマー北東部、中国雲南省に居住するタイ系諸族の呼び名で、中国語では豆豉(ドウチィ)となる。本来の豆豉は枯草菌ではなく麹カビで発酵させた大豆発酵食品だが、中国には枯草菌で発酵させた大豆発酵食品を表す語がないために同じ名称にされているようだ。タイ食材専門店などで乾燥品が入手できる。
45	当帰 トウキ	61 (130)	セリ科のカラトウキ。根の乾燥品が生薬として流通する。セロリの香りに似ている。
46	豆板老油 ドウバンラオイウ	77 (134)、81 (136)	四川料理で使われる香り油。郫県豆板醤、赤唐辛子、八角、桂皮(シナモン)、ゴマ、香味野菜などの味と香りを大豆油に移したもの。国内でも製品が流通する。
47	ドクダミの根 ドクダミノネ	29 (122)、50 (127)	ドクダミは国内はもとより中国や東南アジアに広く分布し、中国では根が食材として流通する。国内では市場流通していない。
48	牛皮 ニュウピィ	34 (122)	水牛の皮下、ゼラチン質層の乾燥食品。牛皮干(ニュウピィガン)とも呼ばれる。猪皮(ヂュウピィ。豚の皮下、ゼラチン質の乾燥食品)で代用可能。

番号	食材・調味料名	掲載ページ(料理解説ページ)	解説
49	ニラの根の塩漬け ニラノネノシオヅケ	28（121）	ニラの根を赤唐辛子とともに塩漬けにしたもの。生のニラの根を塩分濃度約10%の塩水で約2週間漬ければ自家製できる。ニラの葉やニラ花の塩漬けで代用可能。
50	泡姜 パオジャン	86（137）	ショウガの塩水漬け。
51	泡辣椒 パオラァジヤオ	24、61（130）、64（130）、71（132）、77（134）	唐辛子の塩水漬け。赤唐辛子と青唐辛子のものがある。野山椒（イエシャンジヤオ）の名で流通する製品もある。
52	発酵タケノコ／酸笋 ハッコウタケノコ／ソワンスゥン	72（132）	マチク（麻竹）を塩水に漬けて発酵させたもの。本書では福建省福州市産の輸入品を使っている。
53	バナナの花のつぼみ バナナノハナノツボミ	40（124）	バナナブラッサムなどの名前で、タイなどのアジア食材専門店で生鮮の輸入品が販売されている。
54	郫県豆板醤 ピィシエンドウバンジヤン	24、80上（135）、102（140）	四川省都成都市郫県で作られる豆板醤。辛みはまろやかでうまみが強い。色は赤くはなく黒褐色。一般的な豆板醤よりも長く熟成させ、その期間は1～2年間とされる。
55	火鍋底料 ヒナベテイリョウ／フオグオディリヤオ	80上（135）、102（140）	四川料理の火鍋の素。植物油、牛脂、豆板醤や豆豉などの調味料、ショウガ、ニンニクなどが主な材料。製品が多品種流通している。
56	フグの卵巣の糠漬け フグノランソウノヌカヅケ	81（136）	石川県産の珍味。フグの卵巣を2年間以上塩漬けおよび糠漬けにすることで毒素を抜いている。河豚の子糠漬けとも呼ばれる。
57	黒大頭菜 ヘイダァトウツァイ	64（130）	大頭菜（ダァトウツァイ）はアブラナ科の変種。球状に肥大した茎部を主に漬物にし、代表的なのが雲南大頭菜（ユンナンダァトウツァイ）。黒ずんだ色になるまで古漬けにしたのが黒大頭菜。
58	北芪 ベイチィ	104（141）	マメ科の植物キバナオウギの根。和名は黄耆（おうぎ）。乾燥品が生薬として流通する。
59	破布子 ポゥブゥズ	70（131）	ムラサキ科の木の実。樹子（シュウズ）とも呼ばれる。果肉の食感がオリーブに似ている。台湾台南県産が有名で、収穫後に塩ゆでしてから醤油漬けにした加工品が瓶詰めで流通する。
60	花旗参 ホワチィシェン	104（141）	ウコギ科の薬用植物。アメリカニンジン、セイヨウニンジンなどと呼ばれる。
61	黄瓜皮 ホワンゴワピィ	86（137）	広西省欽州市特産のキュウリを、ニンニクなどの香味野菜を加えた塩水に漬け込んだ漬物。

番号	食材・調味料名	掲載ページ(料理解説ページ)	解説
62	紅腐乳 ホンフゥルゥ	76下 (134)	発酵豆腐。豆腐を塩漬けして発酵させたもののうち、紅麹で作る赤色のもの。ほかに白色のもの(腐乳)がある。調味料にするほか、粥のおかずなどにする。
63	紅芸豆 ホンユンドウ	60下、68	レッドキドニービーンズ。国内では米国や東南アジアからの輸入品が流通する。
64	麻辣醬 マァラァジヤン	46 (126)	豆板醬、大豆油、ピーナッツペースト、花椒などの材料を合わせた味噌。中華食材店などで手に入る。
65	毛瓜 マォゴワ	80下 (136)	トウガンの変種。沖縄では古くから栽培されてきた伝統野菜で、モーウィと呼ばれている。太くずんぐりとしており、表面が茶色くなってから収穫される。
66	木姜油 ムゥジヤンイウ	21下 (120)	木姜子(ムゥジヤンズ。クスノキ科の木の実)の香りを移した食用油。レモングラスのような香りが特徴。輸入品が流通する。
67	木姜子 ムゥジヤンズ	28 (121)、44、76上 (133)	クスノキ科の木の実。国内では山蒼子(さんそうし)、山胡椒(やまこうばし)などと呼ばれる。レモングラスと山椒を混ぜたような香り。中国では乾燥品が流通するが、国内では入手が難しいため市販の木姜油で代用する。
68	玫瑰露酒 メイゴェイルゥジョウ	80上 (135)、100 (140)	玫瑰(メイゴェイ。ハマナス)の花を白酒に浸して香りをつけた酒。無色透明で香りが高く、甘みがある。広東系の料理人は肉の下味調味料に使う。
69	モリーユ茸 モリーユダケ	47下 (126)	中国語では羊肚菌(ヤンドゥジュン)。和名はアミガサタケ。国内でも生・乾燥品ともに流通する。
70	ヤギ乳 ヤギニュウ	56 (128)	通販などで国産(主に沖縄県産)のヤギ乳が手に入る。
71	老抽 ラオチョウ	28 (121)、38 (124)、47上 (126)、48 (126)、50 (127)、67下 (131)、70 (131)、71 (132)、81 (136)、99 (139)、102 (140)、106 (141)	広東のたまり醬油。料理の色づけ、つや出し、粘度添加に用いる。輸入品が流通する。
72	羅漢果 ラカンカ／ルオハングオ	80上 (135)、100 (140)	ウリ科の植物。甘みがあり、料理の甘味料として使われる。乾燥品を砕いて煎じ、喉の薬にする。乾燥品が輸入されている。
73	欖子 ランズ	86 (137)	主に広西省チワン族自治区の沿岸部で栽培されるオリーブ。広西欖子(ゴワンシィランズ)とも呼ばれる。中国ではオリーブは橄欖(ガンラン)と呼ばれるが、中国南部では欖子とされることが多い。塩漬け、醬油漬け、オイル漬けなどさまざまに加工される。
74	レモングラス油 レモングラスアブラ	24、30 (122)、67下 (131)	レモングラスの香りを移した油。中国語では香茅草油(シヤンマォツァオイウ)。

料理解説

ハーブ中華 | P018

傣族柠檬鸡
dǎi zú níng méng jī

傣族レモン鶏

材料
ゆで鶏のレモン塩水漬け
（作りやすい分量）
　鶏（中抜き）　1羽
　水　3000〜4000㎖
　レモン塩水
　　鶏のゆで汁　1000㎖
　　レモン汁　10個分
　　砂糖　50g
　　塩　80g
　　コショウ　少量
　　コリアンダーシード　少量
　　フェンネル（粉末）　少量
　　傣族花椒*　少量
仕上げ（4人分）
　レモン塩水　100㎖
　ハーブ薬味（すべてみじん切り）
　　ミント　3g
　　バジル　3g
　　シャンツァイ　3g
　　ディル　3g
　　フェンネル　3g
　　赤唐辛子　5g
　　ニンニク　3g
　　ショウガ　3g
　　ネギ　3g
　レモン　2個

＊傣族花椒　P115の34

作り方
ゆで鶏のレモン塩水漬け
❶鍋に水を張り、鶏を丸のまま30分間ゆでる。
❷①のゆで汁1000㎖をボウルに取り分ける。鶏はそのまま置いて粗熱をとる。
❸レモン塩水を作る。②で取り分けたゆで汁に材料を加え混ぜる。
❹②で取りおいた鶏を縦半分に割り、③のレモン塩水に浸けて冷蔵庫で冷やす（冷えたらすぐに使える。翌日まで使用可能）。
仕上げ
❶ゆで鶏のレモン塩水漬け（¼羽分）をひと口大に切り分ける。
❷レモン塩水にハーブ薬味を加え混ぜる。
❸皿に①を盛り、②をまわしかける。
❹レモンを半分に切って果汁を搾りかけ、そのレモンを添える。

ハーブ中華 | P020

臭菜炒蛋
chòu cài chǎo dàn

雲南ハーブオムレツ

材料（4人分）
卵　5個
塩　5g
フェンネル（みじん切り）　80g
ピーナッツ油　150㎖

作り方
❶卵をボウルに割り入れ、塩を加えてよくかき立てる。
❷①にフェンネルを加える（フェンネルを加えた後はかき混ぜない）。
❸鍋をよく熱してピーナッツ油を敷き、②を流し入れて強火で加熱する。
❹片面によく火が入ったら火を弱めて表裏を返す。側面にも火が入るように加熱し、表面をまんべんなくキツネ色に仕上げる。

ハーブ中華 | P021

咸鸭蛋拌苦瓜
xián yā dàn bàn kǔ guā

アヒルの塩卵と
ニガウリの和え物

材料（3〜4人分）
ニガウリ　2本
アヒルの塩漬け卵（みじん切り）　2個
ピーナッツ油　45㎖
紹興酒　15㎖
塩　小さじ1

作り方
❶ニガウリを縦に半分に切ってワタを取り除く。厚さ7㎜に斜め切りにする。
❷①を塩もみして10分間なじませる。
❸沸騰させたお湯に②を入れて10秒間ゆでる。
❹中華鍋を熱してピーナッツ油を敷き、アヒルの塩漬け卵を加えて強火で炒める（塩漬け卵の黄身に油がまわると泡が立つので、これを加熱の加減の目安とする）。
❺④に紹興酒、水気をきった③を入れて炒める。
❻塩を加えて中華鍋を数回煽る。

ハーブ中華 | P021

云耳拌黄瓜
yún ěr bàn huáng guā

雲南木耳とキュウリの
レモングラス和え

材料(3〜4人分)
キクラゲ（乾燥）　30g
調味液
　水　1000mℓ
　塩　大さじ2
　紹興酒　15mℓ
　レモングラス　2本
　花椒　大さじ2
　ショウガ（薄切り）1片
キュウリ　2本
塩　小さじ1
大葉（みじん切り）　3枚
木姜油*　10mℓ
白ゴマ　少量

*木姜油　P118の66

作り方
❶キクラゲを水でもどし、石づきを取り除く。
❷①を片栗粉（分量外）で揉んだ後、水洗いして汚れを落とす。
❸②のキクラゲを熱湯でサッと下ゆでする。
❹鍋に調味液の材料を入れて沸騰させる。常温まで冷ます。
❺③を④に入れ、冷蔵庫で一晩寝かせる。
❻キュウリの種を取り除き、厚さ8mmに斜め切りにする。
❼⑥に塩をして水出しする。
❽⑤、⑦ともに水気をきり、大葉、木姜油、白ゴマと和える。

ハーブ中華 | P022

红紫苏豆豉鲜贝
hóng zǐ sū dòu chǐ xiān bèi

ミル貝と赤シソの豆豉和え

材料(4人分)
白ミル貝　1個
赤シソ醤
　赤シソ（みじん切り）　10枚分
　豆豉（みじん切り）　大さじ1
　ニンニク（みじん切り）　大さじ1
　濃口醤油　15mℓ
　ピーナッツ油　60mℓ
ネギ（せん切り）　適量
赤シソ　1〜2枚

作り方
❶白ミル貝の殻をむき、ひと口大に薄切りにする。殻は洗って取りおく。
❷①の白ミル貝を熱湯でサッとゆでる。
❸赤シソ醤を作る。赤シソ、豆豉、ニンニクを濃口醤油と和え、熱したピーナッツ油をまわしかける。
❹②を③で和える。
❺器にネギ、赤シソを盛る。その上に①で取りおいた白ミル貝の殻をのせ、殻の中に④を盛る。

ハーブ中華 | P022

罗勒炸虾滑
luó lè zhá xiā huá

蝦巻と台湾バジルの素揚げ

材料(作りやすい分量)
海老のすり身
　エビのむき身　450g
　豚の背脂　50g
　塩　小さじ2
　オイスターソース　5mℓ
　紹興酒　5mℓ
　葱油　15mℓ
仕上げ
　トウモロコシ　1本
　片栗粉　大さじ1
　豚の網脂　海老のすり身1本
　（20g）あたり　10g
　衣
　　薄力粉　100g
　　ビール　50mℓ
　　塩　少量
　　白絞油　少量
　台湾バジル　20g
　バナナリーフ　適量

作り方
海老のすり身
❶エビのむき身を塩と片栗粉（ともに分量外）で揉み、水洗いする。水気をきる。
❷①とそれ以外の材料をフード・プロセッサーに入れ、粗く挽く。
仕上げ
❶トウモロコシを蒸籠で蒸し、芯から粒をはずす。粒に片栗粉をまぶす。
❷海老のすり身に①を加え混ぜる。
❸②20gを棒状に整形し、豚の網脂で包む。
❹③に衣をまとわせ、180℃の白絞油（分量外）で2分間揚げて蝦巻とする。蝦巻の揚げ上がりの10秒前に台湾バジルを加え、ともに揚げる。
❺皿にバナナリーフを敷き、④の蝦巻、台湾バジルを盛る。

ハーブ中華 | P023

茴香卤羊舌
huí xiāng lǔ yáng shé

羊タンの塩茹で〜
フェンネル和え

材料(作りやすい分量)
羊の舌　300g
白卤水（以下は作りやすい分量）
　レモングラス　4本
　ローリエ　10枚
　花椒　5g
　陳皮*　5片
　ショウガ　適量
　セロリの葉　適量
　台湾米酒*　200mℓ
　塩　250g
　水　9000mℓ
フェンネル　100g
セロリマスタード醤　大さじ2
（以下は作りやすい分量）
　セロリ（みじん切り）　大さじ4
　ショウガ（みじん切り）　大さじ1
　粒マスタード　大さじ2
　ピーナッツ油　100mℓ
　塩　小さじ1

*陳皮　P116の42
*台湾米酒　P115の35

作り方
❶羊の舌を掃除し、白卤水（後述）で40分間ゆでる。冷蔵庫に入れてしっかりと冷ます。
❷①を約3mmの厚さに薄切りにする。
❸フェンネルを4cmの長さに切る。
❹ボウルに②、③、セロリマスタード醤（後述）を合わせて和える。
❺器にフェンネル（分量外）を敷き、その上に④を盛る。
白卤水
❶鍋に材料を入れて沸騰させる。常温に置いて冷ます。
セロリマスタード醤
❶ボウルにセロリ、ショウガ、粒マスタードを合わせる。
❷ピーナッツ油を十分に熱して①にまわしかけ、塩で調味する。

ハーブ中華 | P025

菠萝喃咪拌鱿鱼
bō luó nán mī bàn yóu yú

ホタルイカの
パイナップル喃咪漬け

材料（3～4人分）
ホタルイカ（ボイル）　10杯
パイナップル喃咪*　大さじ1.5
油淋鶏のタレ　大さじ3
（以下は作りやすい分量）
　濃口醬油　150㎖
　砂糖　100g
　酢　150㎖
　黒酢　15㎖
　水　100㎖
　ゴマ油　少量
　フェンネル　少量

*パイナップル喃咪　P24参照

作り方
❶ホタルイカの目とくちばしを毛抜きなどで取り除く。
❷①をザルに並べ、熱湯をまわしかけて殺菌する。
❸パイナップル喃咪と油淋鶏のタレ（材料を合わせて砂糖を溶かす）を合わせる。
❹③に②を加え、冷蔵庫で約5時間漬け込む。
❺④を漬け込んだタレごと器に盛り、フェンネルをあしらう。

ハーブ中華　│　P025

傣族涼拌炸豆腐
dǎi zú liáng bàn zhá dòu fu

炸豆腐と皮蛋の
パイナップル喃咪和え

材料（3～4人分）
油揚げ（2㎝の角切り）　½枚
ピータン（2㎝の角切り）　1個
キュウリ（2㎝の角切り）　⅓本
ミント　20枚
調味料
　パイナップル喃咪*　大さじ3
　シーズニングソース（市販品）　7.5㎖
　酢　7.5㎖

*パイナップル喃咪　P24参照

作り方
❶油揚げ、ピータン、キュウリ、ミントを和える。
❷調味料を加えてさらに和える。

ハーブ中華　│　P026

云南韭菜花醬鹵山羊
yún nán jiǔ cài huā jiàng lǔ shān yáng

香味山羊～雲南ハーブ醤

材料（6～7人分）
ヤギのバラ肉（骨・皮付き）　1kg
白鹵水（以下は作りやすい分量）
　レモングラス　4本
　ローリエ　10枚
　花椒　5g
　陳皮*　5片
　ショウガ　適量
　セロリの葉　適量
　台湾米酒*　200㎖
　塩　250g
　水　9000㎖
雲南ハーブ醤（以下は作りやすい分量）
　ニラの花と小米辣の醤油漬け　80g
　（以下は作りやすい分量）
　　ニラの花（みじん切り）　100g
　　小米辣*（みじん切り）　6本
　　濃口醬油　20㎖
　ニラ（みじん切り）　40g
　ショウガ（みじん切り）　適量
　黒酢　40㎖
　水　40㎖
　ゴマ油　40㎖
　ミント　100g

*陳皮　P116の42
*台湾米酒　P115の35
*小米辣　P115の24

作り方
❶ヤギのバラ肉の皮と骨を外さずに皮をバーナーで黒焦げになるまで焼き、ペティナイフなどで黒く焦げた部分をこそげ落とす。
❷①を白鹵水（後述）で約90分間ゆでる。粗熱をとり、冷蔵庫でしっかりと冷やす。
❸②を5㎜の厚さに薄切りにする。
❹皿に③を盛り、ミントをあしらう。ヤギのバラ肉の上に雲南ハーブ醤（ニラの花と小米辣の醤油漬けは後述）をまわしかける。
白鹵水
❶鍋に材料を入れて沸騰させる。常温に置いて冷ます。
ニラの花と小米辣の醤油漬け
❶材料を密閉容器に合わせ、冷蔵庫で約1週間漬け込む（ニラの花はニラに、小米辣は青唐辛子で代用可能。なお、代用の醤油漬けを使用する場合は、雲南ハーブ醤の材料にニラは不要）。

ハーブ中華　│　P028

韭菜根鹵鶏片
jiǔ cài gēn lǔ jī piàn

ニラ根の漬物と鶏の冷製

材料（3～4人分）
鶏肉の鹵煮
　鶏腿肉（骨付き）　1本（約300g）
　水　適量
　鹵水（以下は作りやすい分量）
　　濃口醬油　100㎖
　　老抽*　40㎖
　　氷砂糖　50g
　　コリアンダーシード　20g
　　八角　少量
　　シナモン　少量
　　レモングラス　少量
　　木姜子*　少量
　　ニンニク　少量
　　ネギ　少量
　　ショウガ　少量
　　シャンツァイの根　少量
　　ニラの根の塩漬け*　30g
　　水　1000㎖
　　鶏手羽先　2kg
仕上げ
　合わせ調味料
　　鶏腿肉を煮た鹵水　50㎖
　　ネギ（みじん切り）　10g
　　ショウガ（みじん切り）　10g
　　砂糖　5g
　　黒酢　5㎖
　辣油　10㎖
　赤唐辛子（斜め切り）　適量
　シャンツァイ（みじん切り）　適量
　小ネギ（小口切り）　適量
　ニラの根の塩漬け　適量

*老抽　P118の71
*木姜子　P118の67
*ニラの根の塩漬け　P117の49

作り方
鶏肉の鹵煮
❶鶏腿肉を開く。内側を上にして骨に沿って切り込みを入れ、関節の軟骨を切断する。
❷①の腿肉を沸騰させたお湯に入れ、途中で表裏を返して10分間ゆでる。水気をきる。
❸②の腿肉を沸騰させた鹵水（後述）に入れ、途中で表裏を返して4分間ゆでる。鹵水ごと別の容器に移し、常温に置いて粗熱をとる（肉が硬くなるので冷蔵庫には入れない）。
鹵水
❶鶏手羽先以外の材料を鍋に入れて沸騰させる。加熱を止めて常温で一晩置く。

❷鶏手羽先を下ゆでし、①に加える。弱火で6時間加熱する。
❸煮汁を漉しとる。
仕上げ
❶皿に鶏肉の鹵煮を盛り、合わせ調味料をまわしかける。
❷上から辣油をたらし、そのほかの材料をあしらう。

ハーブ中華　│　P029
傣族臭牛皮
dǎi zú chòu niú pí
牛皮の香味和え

材料
臭牛皮*（乾燥）　300g
下処理の材料
　紹興酒　300ml
　ネギ　1/2本
　ショウガ　1個
本調理の材料（4人分）
　臭牛皮（もどしたもの）　100g
　赤唐辛子（小口切り）　小さじ1
　ニンニク（すりおろし）　小さじ1
　ピーナッツ油　15ml
　調味料
　　濃口醤油　30ml
　　砂糖　10g
　　黒酢　10ml
　ニンジン（せん切り）　10g
　薬味（すべてみじん切り）
　　シャンツァイ　小さじ1
　　ショウガ　小さじ1
　　ネギ　小さじ1
　　ドクダミの根*　小さじ1
　　ディル　小さじ1
　　ミント　小さじ1
　　レモングラス　小さじ1
　レモン汁　小さじ1

*臭牛皮　P116の41
*ドクダミの根　P116の47

作り方
下処理
❶臭牛皮を水で洗い、ひたひたの水に1日浸ける。
❷①の水気をきってボウルに入れ、紹興酒、ネギ、ショウガを加えて5時間蒸す。
❸ボウルから臭牛皮だけを取り出す。密閉容器に入れて冷蔵庫でストックする（この状態で約1週間使用可能）。
本調理
❶もどした臭牛皮を熱湯でゆでる。水気をきってバットに並べる。
❷臭牛皮の上に赤唐辛子、ニンニクをのせて、熱したピーナッツ油をまわしかける。

---

❸②に調味料を加え、常温で2〜3分間漬け込む。
❹ボウルで調味料ごとの③、ニンジン、薬味を合わせる。
❺レモン汁を加え、皿に盛る。

ハーブ中華　│　P030
傣族烤鱼
dǎi zú kǎo yú
傣族ハーブ焼き魚

材料（2〜3人分）
ティラピア　1尾（400〜500g）
薬味（すべてみじん切り）
　ディル　30g
　シャンツァイ　30g
　ニンニク　1片
　赤唐辛子　1本
　小ネギ　30g
塩　1つまみ
レモングラス油*　少量
（以下は作りやすい分量）
　白絞油　200ml
　レモングラス　15g（約8本）
　レモングラスの葉　6枚
唐辛子醤油　大さじ2
（以下は作りやすい分量）
　赤唐辛子（薄切り）　適量
　青唐辛子（薄切り）　適量
　ニンニク（薄切り）　適量
　調味料
　　濃口醤油　50ml
　　シーズニングソース（市販品）　50ml
　　いしる　少量
　　ミリン　少量

*レモングラス油　P118の74

作り方
❶ティラピアのウロコを取り除いてエラの中を掃除し、エラから内臓を引き出す。
❷背開きにして塩とコショウ（ともに分量外）をふり、常温に10〜15分間置く。水分を拭き取る。
❸ティラピアの上に薬味をのせ、塩をふってレモングラス油（後述）をまわしかける。上下を3枚ずつのレモングラスの葉で挟み、グリラーか炭火で10分間焼く。
❹ティラピアを薬味をのせたまま皿に盛る。薬味の上に③で使ったレモングラスの葉をのせる。唐辛子醤油（後述）を添えて提供する。

レモングラス油
❶鍋に白絞油を注ぎレモングラスを入れる。
❷弱火で10〜15分間加熱する。レモング

ラスの色が黄金色になったら火を止めて漉す。
唐辛子醤油
❶密閉容器に材料を合わせ、冷蔵庫で3週間以上寝かせる。

ハーブ中華　│　P033
猪皮喃咪
zhū pí nán mī
揚げ豚皮と傣族トマト喃咪

材料
猪皮*　10個
トマト喃咪*　大さじ4

*猪皮　P116の37
*トマト喃咪　P32参照

作り方
❶猪皮を選別する。白い脂分が残っている猪皮は揚げても膨らまないことがあるので、脂分が残っていないものを使う。
❷選別した猪皮を190〜200℃の油で揚げ、膨らんだら炸鏈で引き上げる。ペーパータオルで油をよくきる。
❸トマト喃咪を容器に盛りつけ、②とともに皿に乗せて提供する。

ハーブ中華　│　P034
牛皮喃咪
niú pí nán mī
揚げ牛皮と傣族トマト喃咪

材料（2〜3人分）
牛皮*　5〜6個
ナス（生食用）　1/3本
キュウリ　1本
ミント　適量
トマト喃咪　適量
（以下は作りやすい分量）
　トマト　大2個
　ハーブ薬味（すべてみじん切り）
　　ニンニク　1片
　　ショウガ　1片
　　赤唐辛子　1本
　　シャンツァイ　小さじ1
　　バジル　小さじ1
　　ミント　小さじ1
　　ディル　小さじ1
　　コブミカンの葉　小さじ1
　調味料
　　レモン汁　10ml
　　塩　10g
　　コショウ　少量

砂糖　5g

*牛皮　P116の48

作り方
❶牛皮を低温（約160℃）の油に入れる。油温を徐々に上げていき、牛皮が膨らんで油の表面に浮かんできたら引き上げる。
❷ナスとキュウリは皮をむき、ひと口大に切る。
❸皿に①、②を盛り、ミントをあしらう。別皿でトマト喃咪（後述）を添える。
トマト喃咪
❶ガス台の火口に網をのせ、トマトを網の上で真っ黒になるまで焼く。焦げた部分も含めて包丁で刃たたきする。
❷①、ハーブ薬味を合わせてさらに包丁で刃たたきする。
❸調味料を加えて味をととのえる。

ハーブ中華　｜　P035

凉拌猪干巴
liáng bàn zhū gān bā

豚ジャーキーのトマトハーブ和え

材料（4人分）
干し豚肉　200g
（以下は作りやすい分量）
　豚内腿肉　600g
　水　1000㎖
　塩　50g（水に対して5％）
トマト　1個
薬味（すべてみじん切り）
　ミント　5g
　バジル　5g
　シャンツァイ　5g
　赤唐辛子　5g
　ショウガ　15g
　ネギ　15g
　揚げニンニク　5g
ピーナッツ油　30㎖
調味料
　塩　2.5g
　砂糖　少量
　コブミカン汁　1個分

作り方
❶干し豚肉（後述）を170℃のオーブンで約5分間加熱して柔らかくする。熱いうちにひと口大に手で割く。
❷トマトは湯むきしてくし形切りにする。
❸ボウルに薬味の材料を合わせて、熱したピーナッツ油をまわしかける。
❹③のボウルに①、②、調味料を加えて軽く混ぜ合わせる。
❺皿に④を盛り、果汁を搾った後のコブミカ

ンを添える。
干し豚肉
❶豚内腿肉を3㎝×3㎝×20㎝の棒状に切り分ける。
❷ボウルに水と塩を入れて塩をよく溶かし、塩分濃度5％の塩水を作る。①を入れてラップ紙をかぶせて、冷蔵庫に24時間置く。
❸ボウルから肉を取り出して吊るし、扇風機の風を当てながら常温で2日間風干しする（冬期は風は必要なく、常温で1週間干すだけでよい）。
❹③の肉を100℃のオーブンで20分間加熱する。
❺③と同じ工程をもう一度行う。

ハーブ中華　｜　P036

春鸡脚
chōng jī jiǎo

傣族鶏モミジのハーブ和え

材料（4人分）
鶏足（モミジ）　100g
白卤水（以下は作りやすい分量）
　レモングラス　4本
　ローリエ　10枚
　花椒　5g
　陳皮*　5片
　ショウガ（薄切り）　適量
　セロリの葉　適量
　台湾米酒*　200㎖
　塩　250g
　水　9000㎖
サヤインゲン　100g
トマト（ざく切り）　1個
香味調味料
　ショウガ（みじん切り）　1片
　青唐辛子の酢漬け*（みじん切り）
　大さじ1
　蝦醤*　大さじ1
　ナンプラー　15㎖
シャンツァイ（ざく切り）　50g
ライム（輪切り）　1個

*陳皮　P116の42
*台湾米酒　P115の35
*青唐辛子の酢漬け　P113の1
*蝦醤　P115の26

作り方
❶沸騰したお湯に鶏足を入れ、再沸騰したら引き上げる。爪を切る。
❷①の鶏足を白卤水（後述）で30分間ゆでる。
❸サヤインゲンは熱湯でゆでる。
❹すり鉢にトマト、香味調味料を入れ、すりこぎでほどよくつぶす。

❺④に②、③、シャンツァイ、ライムを加えて和える。
白卤水
❶鍋に材料を入れて沸騰させる。常温に置いて冷ます。

ハーブ中華　｜　P037

干巴牛肉
gān bā niú ròu

雲南回族干し牛肉 〜揚げミント添え

材料
干し牛肉（作りやすい分量）
　牛腿肉　800g
　下味用調味料
　　塩　48g（肉に対して6％）
　　五香粉*　小さじ½
　　花椒　小さじ1
　　ショウガ（薄切り）　3枚
　　コブミカンの葉　4枚
　　フェンネルシード　小さじ⅔
　　黒砂糖　小さじ½
本調理（3～4人分）
　干し牛肉　80g
　ミント　適量

*五香粉　P113の5

作り方
干し牛肉
❶牛腿肉のスジや脂を取り除いて掃除する。
❷幅5～6㎝×厚さ3～4㎝の短冊状に切り、下味用調味料をすり込む。
❸袋に入れて密閉して平らにし、重しをのせて涼しいところで約2週間寝かせる。
❹③の袋から肉を取り出し、水分がある程度抜けるまで風通しのよいところに約2日間吊るす（肉を保存する場合は、冷蔵庫だと熟成が進むので好みの状態で冷凍する）。
本調理
❶干し牛肉を約1.5㎜の厚さに切り揃え、20分間蒸して塩抜きする。
❷ミントを170℃のサラダ油で素揚げする。炸籬で引き上げる。
❸②の油を200℃まで上げて①をサッと素揚げする。炸籬で引き上げる。
❹皿に②を散らすように盛り、中央に③を盛る。

ハーブ中華 | P038

薄荷牛肉
bò he niú ròu

雲南ハーブステーキ

材料
牛サーロイン（国産） 250g
塩 少量
黒コショウ 少量
サヤインゲン 5本
ハーブ（すべてざく切り）
　ミント 20g
　バジル 20g
　ディル 20g
香味食材
　ニンニク（薄切り） 1片
　ショウガ（細切り） 5g
　ネギ（細切り） 5g
　青唐辛子（小口切り） 1本
　赤唐辛子（縦に半割り） 1本
調味料
　塩 1g
　砂糖 1g
　コショウ 少量
　紹興酒 10㎖
　老抽* 5㎖
　黒酢 5㎖

＊老抽 P118の71

作り方
❶牛サーロインに塩、黒コショウをふり、中華鍋で焼いて両面に焼き目をつける。
❷①をアルミ箔で包んで常温で2分間休ませる。肉を幅1㎝に切り揃える。
❸サヤインゲンを5㎝に切り、熱湯でゆでる。
❹ボウルにハーブを入れ、その上に香味食材をのせる。上から調味料をかける。
❺熱した中華鍋にピーナッツ油（分量外）を入れて鍋肌になじませ、煙が上がるまで空焼きする。②、③を入れ、すぐさま④を加える。調味料の液体が鍋肌に残らないように、鍋を2〜3回煽って全体をよく絡める。

ハーブ P039

花茶蒸对虾
huā chá zhēng duì xiā

活車海老のジャスミン茶蒸し
〜塩ライム添え

材料（3人分）
クルマエビ（活） 9尾
ジャスミン茶 適量
塩ライムソース
塩 2つまみ
黒コショウ 少量
ライム ⅛個
ライム 適量

作り方
❶ジャスミン茶を濃いめに淹れる。
❷①を鍋に入れて加熱し、沸騰させる。
❸クルマエビを入れた蒸し器を②の鍋の上にのせ、ジャスミン茶の香りがする蒸気で1〜2分間蒸す。
❹ライムを添えた塩ライムソース（後述）とともに提供する。

塩ライムソース
❶塩と黒コショウを合わせ、ライムの果汁を搾り入れて混ぜる。

ハーブ中華 | P039

首鸟炒雉
shǒu niǎo chǎo zhì

雉の何首烏炒め

材料
キジ胸肉 80g
キジ腿肉 80g
塩 少量
コショウ 少量
卵白 少量
片栗粉 少量
白絞油 少量
レンコン（皮をむいたもの） 60g
金針菜 15g
ニンニク（薄切り） 適量
ショウガ（薄切り） 適量
ネギ（小指大の小口切り） 10片
何首烏献湯 15㎖
（以下は作りやすい分量）
キジのスープ 185㎖
　キジガラ 1羽
　水 適量
何首烏* 10g
調味料
　塩* 8.5g
　グラニュー糖 3g
　いしる 1㎖
　うま味調味料 耳かき1杯分
水溶き片栗粉 少量

*何首烏 P114の10
*塩 加熱処理していない福建省産「海扇」を使用。

作り方
❶胸肉は皮を取ってそぎ切りにし、塩とコショウをまぶしてボウルに入れる。少量の水（分量外）を加えてしばらく置いた後（肉に水を吸わせるため）、卵白、片栗粉、白絞油を加えて和える。
❷腿肉は骨を取り除き、皮付きのまま食べやすい大きさに切る。塩とコショウをまぶしてボウルに入れ、卵白、片栗粉、白絞油を加えて和える。
❸レンコンは酢（分量外）を加えたお湯でゆでてアクを抜く。ひと口大に切る。
❹鍋にお湯を沸かし、①、②を軽くゆでる。肉の表面にまとわせた卵白の衣が固まったら炸籬で引き上げる。
❺中華鍋を熱して白絞油を注ぎ入れる。③のレンコン、④の胸肉と腿肉、金針菜を入れて油通しし、8〜9割方火が通ったら炸籬で引き上げる。
❻中華鍋を熱してニンニク、ショウガ、ネギを炒める。香りが立ってきたら⑤、何首烏献湯（後述）を加えて強火でさらに炒める。
❼水溶き片栗粉を加えて中華鍋を2〜3回煽り、全体を絡める。

何首烏献湯
❶ボウルにキジのスープ（後述）を張り、何首烏を加えて蓋をして20分間蒸す（スープが蒸発するのを防ぐため、鍋ごと直接火にかけない）。
❷①を漉す。
❸ボウルに調味料を入れ、②を注いで混ぜる。

キジのスープ
❶鍋にキジのガラとひたひたの水を入れ、弱火で1時間煮出す。
❷ペーパータオルなどで漉す。

ハーブ中華 | P040

水豆豉炒香蕉花
shuǐ dòu chǐ chǎo xiāng jiāo huā

バナナの花と猪の
トゥアナオ炒め

材料（3人分）
イノシシのバラ肉 200g
バナナの花のつぼみ* 200g
ピーマン（ざく切り） 20g
調味料
　トゥアナオ*（乾燥） 大さじ2.5
　赤唐辛子（斜め切り） 2本
　ニンニク（みじん切り） 1片
　ショウガ（みじん切り） 10g
　豆板醤 小さじ1
醤油ソース 大さじ1.5
（以下は作りやすい分量）
　濃口醤油 1500㎖
　紹興酒 750㎖
　料理酒 750㎖
　砂糖 450g

塩　1つまみ

*バナナの花のつぼみ　P117の53
*トゥアナオ　P116の44

作り方

❶イノシシのバラ肉を2～3mmの厚さに薄切りにする。
❷バナナの花のつぼみの皮をむき、8等分にくし形切りにした後、斜めにざく切りにする。バナナの花のつぼみの皮は取りおく。
❸②のバナナの花のつぼみを塩水（分量外）に約30分間浸けてアクを抜く。水気をきる。
❹中華鍋を熱して油をなじませ、①を加えて炒める。肉の脂がほどよく出たら調味料（トゥアナオはひたひたの水［分量外］に浸けて約20分間蒸してもどす）を加え、辛みが出るように炒める。
❺③、ピーマンを加えてさらに炒めて、醤油ソース（後述）と塩で味をととのえる。
❻皿に①で取りおいたバナナの花のつぼみの皮を敷き、その上に⑤を盛る。

醤油ソース

❶ボウルに材料を合わせて混ぜ、砂糖を溶かす。

ハーブ中華　｜　P041

鱼肠橄榄
yú cháng gǎn lǎn

マンボウのモツと広東オリーブ炒め

材料（4人分）

マンボウの腸（生）　100g
夜来香*のつぼみ　30g
橄欖*（塩漬け）　6個
赤唐辛子（斜め切り）　½本
ニンニク（薄切り）　1片
調味料（以下を全量使用）
　鶏湯　30ml
　塩　5g
　砂糖　2.5g
　紹興酒　5ml
　オイスターソース　2.5ml
水溶き片栗粉　3g
葱油　5ml

*夜来香　P113の02
*橄欖　P114の12

作り方

❶マンボウの腸を水洗いする。約5mmの幅に切り揃える。
❷鍋に水を張り、紹興酒（ともに分量外）を加えて沸騰させて①をゆでる。ザルに上げて水気をきる。
❸お湯を沸騰させ、夜来香のつぼみをサッとゆでる。水気をきる。
❹橄欖を半分に切り、水洗いして表面の塩を落とす。
❺熱した中華鍋に油をなじませ、ニンニクを炒めて香りを出す。④を加えて炒めて香りを引き出す。
❻②、③、赤唐辛子を加えて炒める。
❼調味料を加えて味をととのえ、水溶き片栗粉を加える。
❽葱油を加えて鍋を数回煽り、全体を絡める。

ハーブ中華　｜　P042

咸柠檬蒸乌头鱼
xián níng méng zhēng niǎo tóu yú

ボラの塩レモン蒸し

材料（6人分）

ボラ　2kg
紹興酒　50ml
コブミカン*の塩漬け（みじん切り）
2個分（以下は作りやすい分量）
　コブミカン　1kg
　水　2000ml
　塩*　260g
コブミカンの葉*　15枚
赤唐辛子（みじん切り）　2本
ピーナッツ油　30ml
ュィチャップ（蒸し魚のタレ）　50ml
（以下は作りやすい分量）
　水　1000ml
　シャンツァイの根と茎　30g
　甘草*　5g
　調味料
　　濃口醤油　200ml
　　ナンプラー　10ml
　　シーズニングソース（市販品）　45ml
　　塩　10g
　　グラニュー糖　20g
コブミカンの塩漬け（輪切り）　1個
シャンツァイ　適量

*コブミカン　P114の16
*塩　塩分濃度13%が目安。
*コブミカンの葉　P114の17
*甘草　P114の11

作り方

❶ボラのウロコ、内臓を取り除く。エラ、腹の内部などをよく掃除し、水気をしっかりと拭き取る。
❷紹興酒をふりかけて15分間置き、臭みを除く。
❸ボラの腹の中にコブミカンの塩漬け（後述）を詰め、上にも散らす。
❹皿にコブミカンの葉を敷いて③をのせ、蒸籠で約30分間蒸す（中火。蒸し時間は魚100gあたり90秒間が目安）。
❺蒸し上がったボラに赤唐辛子をふりかけ、熱したピーナッツ油をまわしかける。
❻鍋で温めたュィチャップ（後述）を⑤の皿に流し入れる。
❼ボラの上にコブミカンの塩漬けをあしらう。皿にシャンツァイをあしらう。

コブミカンの塩漬け

❶コブミカンをよく水洗いし、半分に切る。
❷密閉容器に水、塩とともに入れて蓋をする。
❸冷暗所で1年間漬け込む。

ュィチャップ（蒸し魚のタレ）

❶鍋に水を張り、シャンツァイの根と茎、甘草を入れて加熱する。沸騰したら弱火にして30分間煮出す。
❷調味料を加え、沸騰させないように火力を加減しつつ30分間加熱する。加熱を止めて鍋のまま常温で1日置く。
❸②を漉し、別の容器に移し替えて冷蔵庫でストックする。

ハーブ中華　｜　P045

薄荷韭菜烤羊排
bò he jiǔ cài kǎo yáng pái

ラムバラ肉のロースト
～雲南ニラミント醤

材料（4人分）

子羊バラ肉（骨付き／ブロック）
600g
漬けダレ（以下を全量使用）
　タマネギ　600g
　ショウガ　100g
　クミン（粉末）　10g
　ピーナッツ油　400ml
　クミンシード　20g
　塩　10g
衣
　薄力粉　110g
　卵　1個
　塩　小さじ1
　ピーナッツ油　5ml
　ターメリック（粉末）　小さじ1
　コリアンダー（粉末）　小さじ1
　水　100ml
雲南ニラミント醤*　600g

*雲南ニラミント醤　P44参照

作り方

❶子羊バラ肉を漬けダレ（後述）に漬け込み、冷蔵庫で半日～1日置く（この状態で1週間は使える）。
❷①に衣をなでつけ、250℃のオーブンで

15分間加熱する。
❸焼き上がった肉を骨に沿って切り分ける。皿に盛る。
❹肉の上から雲南ニラミント醬をのせる。雲南ニラミント醬の表面をガスバーナーで炙り、香りを立たせる。

漬けダレ
❶タマネギとショウガをフード・プロセッサーにかけ、ザルに上げて水気をきる。
❷ボウルに①、クミンを合わせて混ぜる。
❸中華鍋にピーナッツ油を注ぎ入れ、クミンシードを入れてから強火で加熱して徐々に温度を上げる。クミンシードがパチパチと弾けはじめたら加熱を止める。
❹③を②のボウルに流し入れて和え、塩を加える。冷蔵庫に入れて十分冷ます。

ハーブ中華 | P046

跳水鱼
tiào shuǐ yú

貴州茹で魚～麻辣ハーブソース

材料(4人分)
アンコウ　300g
塩　少量
コショウ　少量
衣
　卵白　1個分
　片栗粉　大さじ3
シャンツァイ　少量
麻辣ハーブソース(4人分)
　朝天唐辛子*(粉末)　50g
　サラダ油　80mℓ
　麻辣醬*(市販品)　20mℓ
　ニンニク(みじん切り)　適量
　ショウガ(みじん切り)　適量
　麻の実　適量
　レモンバーム　適量
　シャンツァイ　少量
　小ネギ　少量
　醬油ソース　90mℓ
　(以下は作りやすい分量)
　　濃口醬油　1500mℓ
　　紹興酒　750mℓ
　　料理酒　750mℓ
　　砂糖　450g
　　濃口醬油　100mℓ
　　黒酢　50mℓ
　　酢　50mℓ
仕上げ
　レモンバーム　適量

*朝天唐辛子　P116の39
*麻辣醬　P118の64

作り方
❶アンコウを皮ごとひと口大に切り分け、塩とコショウをふってしばらく置く。出てきた水気を拭き取る。
❷①に衣(材料を混ぜ合わせて糊状にする)をまとわせ、90℃のお湯でゆでる。
❸ゆでたアンコウの水気をきって皿に盛り、レモンバームを添える。温めた麻辣ハーブソース(後述)を別の器に注ぎ入れ、ともに提供する。

麻辣ハーブソース
❶ボウルに朝天唐辛子を入れ、熱したサラダ油を注ぎ入れる。
❷醬油ソース(材料を合わせて砂糖を溶かす)などのすべての材料を加えて混ぜる。
❸提供直前に湯煎して温める。

ハーブ中華 | P047

老姜三杯鸡
lǎo jiāng sān bēi jī

三杯鶏～台湾バジル添え

材料(4人分)
鶏腿肉(骨付き／ぶつ切り)　200g
生姜油(以下を全量使用)
　ショウガ(厚めの薄切り)　大2個
　ゴマ油　大さじ4
ニンニク(厚めの薄切り)　3片
赤唐辛子(小口切り)　1本
三杯(以下を全量使用)
　老抽*　45mℓ
　オイスターソース　大さじ3
　トマトケチャップ　大さじ1
　黒酢　大さじ1
　台湾米酒*　100mℓ
　コショウ　小さじ½
　グラニュー糖　大さじ3
　五香粉*　小さじ1
台湾バジル　適量

*老抽　P118の71
*台湾米酒　P115の35
*五香粉　P113の5

作り方
❶中華鍋を火にかけて生姜油(後述)を入れ、ニンニク、赤唐辛子を加える。香りが立ったら鶏腿肉を加えて炒める。
❷三杯(ボウルに材料を合わせてよく混ぜる)を加えて弱火で約10分間煮る。
❸②を熱した土鍋に移し入れ、台湾バジルをのせて提供する。

生姜油
❶中華鍋を熱してゴマ油を入れ、ショウガがカリカリになるまで炒める。油ごと別の容器に移して粗熱をとる。

ハーブ中華 | P047

酸木瓜汤
suān mù guā tāng

西双版納パパイヤスープ

材料
酸木瓜*　4個
水　200mℓ
上湯*　200mℓ
豆腐(ひと口大)　150g
モリーユ茸*(乾燥)　20g
トマト(くし形切り)　½個
シャンツァイ(ざく切り)　適宜
青唐辛子(小口切り)　1本
調味料
　塩　10g
　砂糖　5g
　ナンプラー　10mℓ
　紹興酒　10mℓ

*酸木瓜　P115の32
*上湯　P115の27
*モリーユ茸　P118の69

作り方
❶ボウルに水を張って酸木瓜を入れ、蒸籠で5時間蒸してもどす。蒸し汁も取りおく。
❷鍋に①の蒸し汁、上湯を注ぎ入れる。豆腐、モリーユ茸(水でもどす)を加え、沸騰させて10分間煮る。
❸②の鍋に①でもどした酸木瓜、トマト、シャンツァイ、青唐辛子、調味料を加え、ひと煮立ちさせる。
❹深めの器に煮汁ごと盛る。

ハーブ中華 | P048

云南腌韭菜花拌米线
yún nán yān jiǔ cài huā bàn mǐ xiàn

雲南ニラ花醬とミントの和え麺

材料(4人分)
ビーフン(乾燥／太麺)　200g
牛挽き肉　100g
調味料A
　老抽*(市販品)　大さじ½
　紹興酒　大さじ½
トマト(さいの目切り[2cm角])　1個
調味料B
　塩　少量
　コショウ　少量
薬味の醬
　雲南ニラ花醬*(市販品)　大さじ1
　ミント(みじん切り)　大さじ3
　ニラ(みじん切り)　大さじ3
　ショウガ(みじん切り)　大さじ1

ピーナッツ油　大さじ2
調味料C
　　砂糖　小さじ1
　　黒酢　15mℓ
　　ナンプラー　5mℓ
　　水　15mℓ

＊老抽　P118の71
＊雲南ニラ花醤　P113の6

作り方
❶ボウルなどにビーフンを入れてひたひたの水（分量外）を張る。常温で1日置き、ビーフンをもどす。
❷中華鍋を火にかけて油をなじませ、牛挽き肉を炒める。調味料Aを加えてさらに炒める。別の容器に移す。
❸トマトに調味料Bをふってしばらく置き、下味をつけつつ水気を出す。
❹❸、薬味の醤（後述）、調味料Cを合わせる。
❺❶を沸騰させたお湯で約30秒間ゆで、水で洗って表面の粘り気をしっかりと落とす。水気をきる。
❻ボウルに❺を入れ、❷、❹と和える。

薬味の醤
❶ボウルに材料を合わせて、熱したピーナッツ油をまわしかける。

ハーブ中華　｜　P049

包烧饵丝
bāo shāo ěr sī

発酵米粉のハーブ包み焼き

材料（4人分）
ビーフン（乾燥／太麺）　250g
ピーナッツ油　30mℓ
ニンニク（みじん切り）　2片
ショウガ（みじん切り）　2片
赤唐辛子（斜め薄切り）　1本
調味料
　　塩　8g
　　コショウ　少量
　　砂糖　5g
　　紹興酒　10mℓ
　　オイスターソース　大さじ1
ハーブ薬味（すべてみじん切り）
　　ミント　5g
　　バジル　5g
　　ディル　5g
　　パセリ　5g
　　シャンツァイ　5g
　　小ネギ　5g
バナナリーフ　大1枚
レモングラス　約3cm

作り方
❶ボウルなどにビーフンを入れてひたひたの水（分量外）を張る。常温で1日置き、ビーフンをもどす。
❷❶を沸騰させたお湯で30秒間ゆで、水で洗って表面の粘り気をしっかりと落とす。水気をきる。
❸中華鍋を火にかけてピーナッツ油を入れ、ニンニク、ショウガ、赤唐辛子を加えて油に香りが移るように加熱する。
❹❸に❷を加えて軽く炒めた後、調味料を加えて味がなじむようにしっかりと炒める。
❺加熱を止め、ハーブ薬味を加えて混ぜる。すぐにバナナリーフにのせ、上にレモングラスをのせてバナナリーフで包む。
❻❺を200℃のオーブンに入れて約3分間加熱後、火を止めたオーブン内に1分間置く（バナナリーフの香りをなじませるため）。
❼バナナリーフごと皿にのせて提供し、客前で包みを開く。

ハーブ中華　｜　P050

怪噜炒饭
guài lū chǎo fàn

貴州ドクダミ炒飯

材料（4人分）
白飯　200g
卵（溶きほぐす）　1個
ピーナッツ油　40mℓ
腊肉（みじん切り）　小さじ1
（以下は作りやすい分量）
　豚バラ肉　1kg
　漬け込みタレ
　　生抽＊　200mℓ
　　老抽＊　100mℓ
　　砂糖　50g
　　台湾米酒＊　50mℓ
　　ネギ（青い部分などの端材／
　　　ぶつ切り）　適量
　　ショウガ（皮付き／薄切り）　適量
ドクダミの根＊（みじん切り）　10g
ネギ（みじん切り）　20g
シャンツァイ（みじん切り）　10g
調味料
　糟辣椒＊　5g
　（以下は作りやすい分量）
　　赤唐辛子（粗みじん切り）　1kg
　　ショウガ（粗みじん切り）　50g
　　ニンニク（粗みじん切り）　50g
　　塩　100g
　　白酒　約250mℓ
　　麹　100g
　塩　2.5g
　コショウ　少量
バナナリーフ　適量

＊生抽　P115の29
＊老抽　P118の71
＊台湾米酒　P115の35
＊ドクダミの根　P116の47
＊糟辣椒　P114の19

作り方
❶中華鍋を火にかけてピーナッツ油をなじませ、白飯、卵を入れて炒飯を作る。
❷腊肉（後述）、ドクダミの根、ネギ、調味料（糟辣椒は後述）を加えてさらによく炒める。
❸シャンツァイを加えて鍋を2〜3回煽る。
❹器にバナナリーフを敷き、その上に❸を盛る。

腊肉
❶豚バラ肉を3cm×3cm×20cmの棒状に切る。
❷保存容器に❶、漬け込みタレ（材料を合わせてよく混ぜる）を入れる。冷蔵庫で3日間置く。
❸保存容器から肉を取り出して水分を拭い、吊るして風は当てずに半日間干す。
❹❸の肉を70℃で5時間燻製する（燻煙材は桜チップ）。
❺❹の肉を吊るして24時間干し、余分な燻香を取り除く。

糟辣椒
❶赤唐辛子、ショウガ、ニンニク、塩をボウルなどで混ぜる。
❷❶を密閉容器に入れ、ひたひたになるまで白酒を注いで麹を加え混ぜる。
❸蓋をして常温で約3週間発酵させる。

ハーブ中華　｜　P051

绿豆沙
lù dòu shā

緑豆沙

材料（作りやすい分量）
緑豆（乾燥）　500g
陳皮＊　5〜6枚
水　2000mℓ
グラニュー糖　100〜300g
臭草　20g
黒クコの実＊（乾燥）　2〜3粒
レモン　⅓個

＊陳皮　P116の42
＊臭草　P116の38
＊黒クコの実　P114の13

作り方
❶緑豆をよく洗って水気をきる。水を張った鍋に陳皮とともに入れ、柔らかくなるまで強火で沸かしながら炊く。
❷緑豆の皮が弾けたら加熱を止め、グラニュー糖を加える。

❸臭草を加えてひと煮立ちさせる。
❹器に盛り、黒クコの実（水でもどす）を散らす。レモンを添える。

ハーブ中華　｜　P051

冻顶乌龙茶梅
dòng dǐng wū lóng chá méi

完熟梅の凍頂烏龍茶煮

材料（作りやすい分量）
ウメ（南高梅）*　1kg（2Lサイズ）
凍頂烏龍茶の茶葉　20g
白ザラ糖　587g
水　490ml

*ウメ（南高梅）　完熟に向かっている黄色い状態が理想。

作り方
❶ウメをザルにのせて一晩干す。
❷①を水で洗い、ヘタを取り除く。竹串などを刺して表面に30ヵ所ほど小さな穴をあける。
❸厚手の鍋（ステンレス製かアルミ製）に②、凍頂烏龍茶の茶葉、白ザラ糖、水を入れて40分間煮る（沸騰後は弱火に切り替えて落し蓋をする）。
❹加熱を止めて粗熱をとる。冷蔵庫で冷ます。
❺皿にウメを盛り、煮汁を流す。茶葉を添える。

発酵中華　｜　P054

螃蟹喃咪
páng xiè nán mī

茹でインゲンと
淡水蟹の発酵喃咪

材料（4人分）
サワガニの塩漬け*　10尾
ハーブ薬味（すべてみじん切り）
　フェンネル　5g
　ディル　5g
　ミント　5g
　バジル　5g
　シャンツァイ　5g
　カー*　5g
　青唐辛子　20g
インゲンマメ　80g
ヒラサヤインゲン　80g

*サワガニの塩漬け　P114の20
*カー　P113の8

作り方
❶サワガニの塩漬けをすり鉢に入れ、すりこぎで叩いてつぶす。
❷ハーブ薬味を加えてさらに叩いてつぶしながら全体になじませる。冷蔵庫に入れて1日置く。
❸塩1つまみ（分量外）を加えたお湯でインゲンマメとヒラサヤインゲンをゆでる。ヒラサヤインゲンは5〜6cmに切る。
❹③を皿に盛る。②を別の器に入れて添える。

発酵中華　｜　P055

火龙果腌制生姜
huǒ lóng guǒ yān zhì shēng jiāng

新生姜の
ドラゴンフルーツ果汁漬け

材料（作りやすい分量）
ドラゴンフルーツ（赤）　2個
調味料
　塩　30g
　砂糖　100g
　酢　50ml
ピーナッツ油　45ml
花椒　大さじ1
新ショウガ　600g
ドラゴンフルーツ（赤／薄切り）　1/6個

作り方
❶ドラゴンフルーツ（赤）の皮をむく。果肉を適宜の大きさに切ってミキサーにかけ、ジュースにする。
❷①に調味料を加えてよく混ぜる。
❸中華鍋を火にかけてピーナッツ油を注ぎ入れ、花椒を加える。徐々に油温を上げていき、花椒の香りをピーナッツ油に引き出して香り油を作る。
❹②に③を加えて混ぜる。
❺④に水気を絞った新ショウガ（後述）を加え、冷蔵庫で2日間以上漬け込む。
❻器に⑤を盛り、ドラゴンフルーツ（赤）をあしらう。

新ショウガ
❶新ショウガを約1mmの厚さに薄切りにし、塩もみする。常温で3時間置く。

発酵中華　｜　P056

乳饼
rǔ bǐng

雲南山羊チーズ

材料（作りやすい分量）
ヤギ乳*（新鮮なもの）　2000ml
酢　120ml
片栗粉　少量
花椒塩　少量
　塩　適量
　花椒　塩に対して10%

*ヤギ乳　P118の70

作り方
❶鍋（ステンレス製）にヤギ乳を注ぎ入れ、中火で加熱する。沸騰したら加熱を止める。
❷①に酢を加えて、凝固してくるまでゆっくりとかき混ぜる。
❸平ザルにガーゼをかぶせてボウルにのせる。平ザルに②をあけ、固形物と水分を分ける。
❹③で平ザルに残った固形物をガーゼで包み、軽く水気を絞る。ガーゼごと直方体の型（8cm×11cm×4.5cm）に入れ、重しをして約30分間置いてさらに水気を絞る。
❺④を型ごと冷蔵庫に入れて締め、乳餅とする（この状態で冷凍保存も可能）。
❻乳餅を約6mmの厚さに薄切りにし、片栗粉をまぶす。刷毛で余分な粉は落とす。
❼フライパン（底面が平らなもの）を火にかけて油を敷き、⑥を焼いて表面に焼き色をつける。
❽皿に⑦を盛り、花椒塩を添える。

発酵中華　｜　P057

白族乳扇
bái zú rǔ shàn

雲南揚げチーズ

材料
乳扇*（乾燥／市販品）　2枚
ハマナスジャム　適量

*乳餅（P56参照）を厚さ2mm×幅4〜5cm×長さ30cmほどに整形し乾燥させたもの。

作り方
❶乳扇を板状のままで低温（約160℃）の油に入れる。
❷乳扇が柔らかくなったら棒に巻きつけ、その状態のままキツネ色になるまで揚げる。
❸ハマナスのジャムを塗って提供する。

発酵中華 | P059

小鱼豆豉凉拌凉瓜
xiǎo yú dòu chǐ liáng bàn liáng guā

ニガウリの小魚豆豉和え

材料（4人分）
ニガウリ　100g
小魚豆豉*　50g
赤唐辛子（小口切り）　適量
シャンツァイ（粗みじん切り）　適量
白ゴマ　適量

＊小魚豆豉　P58参照

作り方
❶ニガウリを縦に等分し、ワタを取り除く。5mmの厚さに切り揃える。
❷鍋にお湯を沸かし、塩、ピーナッツ油（ともに分量外）を加える。①を加えて1分30秒間ゆで、水気を切る。
❸②のニガウリを熱々のうちに皿に盛り、上から小魚豆豉をたっぷりとのせる。赤唐辛子、シャンツァイ、白ゴマをふりかける。

発酵中華 | P059

小鱼豆豉炒全菌
xiǎo yú dòu chǐ chǎo quán jūn

キノコの小魚豆豉炒め

材料（4人分）
キクラゲ（生）　50g
ホンシメジ　50g
エリンギ　1本
ショウガ（みじん切り）　5g
ネギ（みじん切り）　5g
小魚豆豉*　20g
ピーナッツ油　10㎖
紹興酒　5㎖
小ネギ（小口切り）　適量
白ゴマ　適量

＊小魚豆豉　P58参照

作り方
❶キクラゲとホンシメジは石づきを取り除き、手で大きめに割く。エリンギは手で大きめに割く。
❷キクラゲはサッとゆでる。
❸ホンシメジとエリンギは高温（約180～190℃）の油で素揚げする。
❹中華鍋を火にかけて油ならしをし、ピーナッツ油を注ぎ入れる。ショウガ、ネギを炒めて香りを出す。
❺④の鍋に小魚豆豉を加えて香りが出るまで炒める。
❻⑤に②、③、紹興酒を加えて全体をよく絡める。
❼皿に盛り、小ネギと白ゴマをふりかける。

発酵中華 | P060

易门水豆豉大黄瓜
yì mén shuǐ dòu chǐ dà huáng guā

水豆豉とキュウリ炒め

材料（4人分）
キュウリ　大2本
ニンニク　3個
易門水豆豉*　大さじ1.5
調味料A
　ユィチャップ（蒸し魚のタレ）
　大さじ1　（以下は作りやすい分量）
　　水　1000㎖
　　シャンツァイの根と茎　30g
　　甘草*　5g
　　調味料B
　　　濃口醤油　200㎖
　　　ナンプラー　10㎖
　　　シーズニングソース（市販品）45㎖
　　　塩　10g
　　　グラニュー糖　20g
紹興酒　15㎖
水溶き片栗粉　3㎖
葱油　5㎖

＊易門水豆豉　P113の3
＊甘草　P114の11

作り方
❶キュウリを約8mmの厚さに斜め薄切りにする。
❷①を160℃の油に入れ、油温を180℃に上げて油通しする。炸籬で引き上げる。
❸中華鍋を火にかけて油ならしをし、ニンニク（半分に割る）を入れて香りを立たせる。
❹③に易門水豆豉を加えてサッと炒めた後、②を加えて味を絡ませる。
❺調味料A（ユィチャップは後述）を加えて味をととのえ、水溶き片栗粉でとろみをつける。
❻鍋肌から葱油をたらし入れて、鍋を2～3回煽る。

ユィチャップ（蒸し魚のタレ）
❶鍋に水を張り、シャンツァイの根と茎、甘草を入れて加熱する。沸騰したら弱火にして30分間煮出す。
❷調味料Bを加え、沸騰させないように火力を加減しつつ30分間加熱する。加熱を止めて鍋のまま常温で1日置く。
❸②を漉し、別の容器に移し替えて冷蔵庫でストックする。

発酵中華 | P060

普耳茶酥豆芽
pǔ ěr chá sū dòu yá

発芽大豆の雲南プーアル茶炒め

材料
金華ハム（薄切り）　5g
プーアル茶　2g
発芽大豆　200g
コーンスターチ　20g
シャンツァイ　少量
山椒塩　8g（以下は作りやすい分量）
　塩　100g
　花椒（粉末）　100g
砂糖　3g
黒酢　少量
バナナリーフ　適量
小ネギ（小口切り）　適量

作り方
❶金華ハムに紹興酒（分量外）を少量ふりかけて、蒸籠で約20分間蒸す。
❷プーアル茶を淹れる（水の量は茶葉の20倍［分量外］）。
❸ボウルに発芽大豆を入れ、ザル（目の細かいもの）をのせて上から②をまわしかける。ザルに残った茶葉はとりおく。
❹③の発芽大豆を別のザルにあけて水気をきる。コーンスターチを加えてまぶす。
❺中華鍋にたっぷりの油を注ぎ入れて180℃に加熱する。④を入れて揚げ、炸籬で引き上げる。
❻⑤の油を200℃に上げ、⑤の発芽大豆、③でとりおいた茶葉を入れて素揚げする。油をあけて鍋を空にする。
❼⑥の鍋に①、⑥の発芽大豆と茶葉、シャンツァイ、山椒塩（後述）、砂糖を加えて煽る。
❽鍋肌から黒酢をたらし入れて、黒酢の酸味を飛ばすためにサッと加熱する。
❾器にバナナリーフを敷き、⑧を盛る。小ネギをあしらう。

山椒塩
❶中華鍋に塩を入れて火にかけ、鍋を煽って塩を温める。
❷①をボウルに移して5分間置いて温度を下げる。花椒を加えて混ぜる（塩の温度が低すぎると花椒の香りが移らず、高すぎると香りが飛んでしまうので注意する）。

発酵中華 | P061

泡制牛腱
pào zhì niú jiàn

牛すね肉の泡菜

材料（4人分）
牛スネ肉（塊）　200g
ネギ（青い部分）　5g
ショウガ（薄切り）　10g
セロリの葉　2g
漬け汁（以下を全量使用）
　泡辣椒*　12g
　泡辣椒の漬け汁　少量
　青唐辛子　6g
　赤唐辛子　6g
　ニンニク（薄切り）　5g
　シャンツァイ（ざく切り）　2g
　八角　1g
　当帰*　1g
　塩　15g
　グラニュー糖　2g
　酢　10mℓ
　日本酒　15mℓ
　水　250mℓ

*泡辣椒　P117の51
*当帰　P116の45

作り方
❶牛スネ肉を6～7cm角の塊に切り分ける。
❷沸騰させたお湯に①を入れ、再沸騰後30秒間加熱してアクを抜く。
❸②のスネ肉をボウルに入れ、沸騰させたお湯を注ぎ入れる。ネギ、ショウガ、セロリの葉を入れてラップ紙をかぶせ、蒸籠で90～120分間蒸す。
❹③の肉を氷水に浸けて冷やす。
❺④の肉の水気をしっかりときり、漬け汁（材料を合わせて沸騰させた後、冷ます）に入れて冷蔵庫で24時間漬け込む。
❻肉を約2mmの厚さに薄切りにし、皿に盛る。漬け汁の材料の青・赤唐辛子（小口切りにする）と八角をあしらう。

発酵中華 | P063

水豆豉炒蛋
shuǐ dòu chǐ chǎo dàn

貴州納豆の卵炒め

材料（4人分）
卵　3個（L玉）
水豆豉*　35g
水豆豉の漬け汁　15mℓ
水溶き片栗粉　少量
白絞油　15mℓ

*水豆豉　P62参照

作り方
❶ボウルに卵を割り入れて、水豆豉、水豆豉の漬け汁、水溶き片栗粉を加え、空気が入るようにかき立てる。
❷中華鍋を火にかけてしっかり熱し、火を止めて油ならしをする。白絞油を注ぎ入れて再度火をつけ、①を入れて火が入りすぎないように炒める。

発酵中華 | P063

水豆豉炒青椒
shuǐ dòu chǐ chǎo qīng jiāo

万願寺唐辛子の水豆豉炒め

材料（4人分）
万願寺とうがらし　90g
水豆豉*　60g
鶏湯*　10mℓ
水豆豉の漬け汁　少量
水豆豉とともに漬けた赤唐辛子　少量

*水豆豉　P62参照
*鶏湯　P114の21

作り方
❶中華鍋を火にかけてしっかり熱し、油ならしをする。白絞油（分量外）を注ぎ入れて万願寺とうがらしを油通しする。炸鏈で引き上げて油を切る。
❷中華鍋を火にかけて白絞油（分量外）を入れ、水豆豉を炒める。
❸②の鍋に鶏湯、①を加えて、水分がなくなる直前まで炒める。
❹③に水豆豉の漬け汁、水豆豉とともに漬けた赤唐辛子を加えて味をととのえる。

発酵中華 | P064

黑三剁
hēi sān duò

大頭菜の漬物と粗挽き肉の炒めもの

材料（4人分）
大頭菜の漬物と粗挽き肉の炒めもの
　豚肩ロース肉（塊）　100g
　黒大頭菜*（粗みじん切り）　30g
　泡辣椒*（粗みじん切り）　30g
　ニンニク（粗みじん切り）　1片
　ショウガ（粗みじん切り）　1片
　ネギ（粗みじん切り）　10cm分
　ピーナッツ油　10mℓ
調味料
　オイスターソース　少量
　砂糖　少量
　コショウ　少量
　黒酢　少量
仕上げ
　米餅　大1枚
　　白飯　100g
　シャンツァイ（ざく切り）　適量
　赤唐辛子（小口切り）

*黒大頭菜　P117の57
*泡辣椒　P117の51

作り方
黒大頭菜の漬物と粗挽き肉の炒めもの
❶豚肩ロース肉を包丁で超粗挽き（約1cm角）にする。
❷中華鍋にピーナッツ油、①を入れて火にかける。徐々に温度を上げていき、肉の脂が透明になるまで炒める。
❸ニンニク、ショウガ、ネギを加え、香りがしっかりと出るまで中火で炒める。
❹黒大頭菜、泡辣椒を加え、さらに炒めて香りを引き出す。
❺調味料を加え、強火にしてさらに炒める。
❻黒酢を加え、強火で炒めて酸味を飛ばす。

仕上げ
❶黒大頭菜の漬物と粗挽き肉の炒めものを器に盛り、米餅（後述）とシャンツァイを添える。シャンツァイの上に赤唐辛子をあしらう。

米餅
❶白飯をすり鉢などで米粒の形がなくなるまですりつぶす。
❷①をオーブンペーパーに約5mmの厚さに延ばす。
❸②を100℃のオーブンで20分間加熱した後、ペーパーごと平ザルに置いて24時間常温で干す。

発酵中華 | P065

茄子鮓炒洋芋
qié zi zhà chǎo yáng yù

ナスぬか漬けとジャガイモ炒め

材料（4人分）
茄子鮓　30g
ナス　適量
糠床　適量
下味用調味料
　水　30mℓ
　塩　5g
　コショウ　少量
　紹興酒　少量

水溶き片栗粉　5mℓ
ジャガイモ
（メークインかキタアカリ）　2個
ニンニク（みじん切り）　2片
ショウガ（みじん切り）　2片
赤唐辛子（乾燥／
分量のうち3本は粗みじん切り）　6本
ピーナッツ油　15mℓ
酢　2.5mℓ
黒酢　2.5mℓ
シャンツァイ　適量

作り方
❶茄子鮓（後述）を糠床から取り出し、糠を洗い落とさずに下味用調味料で和える。
❷ジャガイモの皮をむいて拍子木切りにする。水に約5分間浸けてアクを抜き、ザルに上げて水気をきる。
❸❷を高温（180℃）の油で揚げる。炸簾で引き上げて油をきる。
❹中華鍋を火にかけてピーナッツ油を注ぎ入れ、ニンニク、ショウガ、赤唐辛子を入れて香りが出るまで炒める。
❺❹に❸のジャガイモを加え、ジャガイモに香りがしみ込むまで炒める。
❻❺に❶を加え、全体がなじむように軽く炒める。
❼❻の鍋肌から酢、黒酢をたらし入れ、酸味が飛ぶまでしっかりと炒める。
❽皿に❼を盛り、シャンツァイを添える。

茄子鮓
❶ナスを皮付きのまま短冊切りにし、赤唐辛子を多めに加えた糠床（解説省略）で1〜2日間漬け込む。

発酵中華　｜　P067

叁巴酱焯秋葵
cān bā jiàng chāo qiū kuí

オクラのサンバルソース和え

材料（4人分）
オクラ　10本
サンバルソース*　大さじ3

*サンバルソース　P66参照

作り方
❶オクラのヘタを取り除き、ひと口大に切る。
❷鍋にお湯を沸かし、塩、サラダ油（ともに分量外）を加える。❶を歯ごたえが残るようにゆでた後、すぐに氷水にとって色止めする。水気をきる。
❸ボウルで❷、サンバルソースを合わせて和える。

発酵中華　｜　P067

叁巴烧对虾
cān bā shāo duì xiā

サンバル海老チリ

材料（3人分）
エビ（有頭）　6尾
サンバルソース*　小さじ2
スープ材料
　鶏湯*　120mℓ
　ショウガ（みじん切り）　少量
　醤油ソース　小さじ1
　（以下は作りやすい分量）
　　濃口醤油　1500mℓ
　　料理酒　750mℓ
　　紹興酒　750mℓ
　　砂糖　450g
　　シーズニングソース（市販品）　5mℓ
　　塩　1つまみ
老抽*　少量
水溶き片栗粉　少量
レモングラス油*　少量
（以下は作りやすい分量）
　レモングラス　15g
　サラダ油　200mℓ
シャンツァイ（ざく切り）　適量

*サンバルソース　P66参照
*鶏湯　P114の21
*老抽　P118の71
*レモングラス油　P118の74

作り方
❶エビのヒゲと脚を切り落とし、背ワタを取り除く。
❷中華鍋を火にかけて油ならしをし、❶を煎り焼いて取り出す。
❸❷の鍋に白絞油（分量外）を少量加えてからサンバルソースを入れて加熱し、香りを出す。
❹❸に❷のエビ、スープ材料（醤油ソースは材料を合わせて砂糖を溶かす）を加えて弱火で煮る。エビに8割方火が通ったら老抽を加え、水溶き片栗粉でとろみをつける。レモングラス油（後述）を加えて照りを出す。
❺❹を白飯（分量外）とともに皿に盛り、シャンツァイを添える。

レモングラス油
❶レモングラスをみじん切りにする。
❷中華鍋にサラダ油を注ぎ入れ、❶を加えて弱火で約10分間加熱して油にレモングラスの香りを引き出す。

発酵中華　｜　P068

宣威火腿皮豆汤
xuān wēi huǒ tuǐ pí dòu tāng

雲南ハムと赤インゲン豆のスープ

材料（4人分）
金華ハム　100g
キントキマメ（乾燥）　50g
水　400mℓ
紹興酒　20mℓ
コショウ　少量
塩　少量

作り方
❶金華ハムを約1.5mmの厚さに薄切りにし、熱湯（分量外）をまわしかけて洗う。
❷キントキマメはひたひたの水（分量外）に浸けぐ半日間置く。
❸❷を水（分量外）から1時間炊く（硬め）。
❹鍋に❶、❸、水、紹興酒を入れて沸騰させ、アクが出てきたら取り除く。アクがあまり出なくなったら弱火にして蓋をし、3時間加熱する。途中でアクが出たら取り除き、水が減ったら足す。
❺コショウ、塩（必要に応じて）を加えて味をととのえる。

発酵中華　｜　P070

破布子炒山苏
pò bù zi chǎo shān sū

オオタニワタリと燻製豚肉の破布子炒め

材料（4人分）
オオタニワタリ*　200g
燻製豚肉（腊肉）　30g
（以下は作りやすい分量）
　豚バラ肉　1kg
　調味液
　　生抽*　200mℓ
　　老抽*　100mℓ
　　砂糖　50g
　　台湾米酒*　50mℓ
　　ネギ（青い部分などの端材／
　　　ぶつ切り）　適量
　　ショウガ（皮付き／薄切り）　適量
破布子*（たまり醤油漬け）　大さじ1
ニンニク（みじん切り）　½片
赤唐辛子（斜め切り）　½本
調味料
　老抽　少量
　紹興酒　少量
　オイスターソース　少量

水　少量
コショウ　少量

＊オオタニワタリ　P113の7
＊生抽　P115の29
＊老抽　P118の71
＊台湾米酒　P115の35
＊破布子　P117の59

作り方
❶オオタニワタリの中央に走る葉脈のうち、根に近い硬い部分を取り除く。葉の中央に走る葉脈を垂直に切るように幅3cmに切り揃える。
❷鍋にお湯を沸かし、塩、サラダ油（ともに分量外）を加える。①を入れてしっかりとゆでてアクを抜く。鍋から引き上げて水気をきる。
❸中華鍋を火にかけて油ならしをする。ニンニク、赤唐辛子、薄く切った燻製豚肉（腊肉［後述］）を順に加え、香りを出しながら強火で炒める。
❹③に②、調味料を加えてさらに炒めた後、破布子を加えて軽く炒める。

燻製豚肉（腊肉）
❶豚バラ肉を繊維に沿って幅3cm×長さ20cmに切る。
❷保存容器に①、調味液（材料を合わせてよく混ぜる）を入れる。冷蔵庫で3日間置く。
❸保存容器から肉を取り出して水分を拭い、吊るして半日間干す（風は当てない）。
❹③の肉を70℃で5時間燻製する（燻煙材は桜チップ）。
❺④の肉を吊るして24時間干し、余分な燻香を取り除く。

発酵中華　│　P071

酸玉米排骨蒸
suān yù mǐ pái gǔ zhēng

苗族の発酵トウモロコシと豚排骨の蒸し物

材料（4人分）
豚スペアリブ　200g
　酸玉米　30g
　（以下は作りやすい分量）
　トウモロコシ粉（粗挽き）　165g
　泡辣椒*（粗みじん切り）　2本
　水　100ml
調味料A
　老抽*　15ml
　オイスターソース　10ml
　砂糖　10g
　コショウ　少量
　ユィチャップ（蒸し魚のタレ）　10ml
　（以下は作りやすい分量）

水　1000ml
シャンツァイの根と茎　30g
甘草*　5g
調味料B
　濃口醤油　200ml
　ナンプラー　10ml
　シーズニングソース（市販品）45ml
　塩　10g
　グラニュー糖　20g
　紹興酒　15ml
　赤唐辛子（乾燥／小口切り）　3本
水溶き片栗粉　10ml
ゴマ油　10ml
ハーブ
　レモングラス（乾燥）　1本
　コブミカンの葉*（乾燥）　5〜6枚

＊泡辣椒　P117の51
＊老抽　P118の71
＊甘草　P114の11
＊コブミカンの葉　P114の17

作り方
❶豚スペアリブを骨ごと2.5cm角に切る。約2時間流水にあて、肉が白っぽくなるまで血をしっかりと抜く。肉の水気をしっかりと拭き取る。
❷ボウルに①、酸玉米（後述）、調味料A（ユィチャップは後述）を入れてよく揉む。
❸水溶き片栗粉を加えてよく揉む。
❹ゴマ油を加えてよく揉む。
❺ハーブを加えてよく揉む。
❻⑤のボウルにラップ紙をかけて冷蔵庫で1日置く。
❼⑥の肉を皿にのせ、皿ごと蒸籠に入れて弱火で50分間蒸す。
❽蒸し上がった肉の上から酸玉米（分量外）をふりかけ、蒸籠ごと提供する。

酸玉米
❶トウモロコシ粉と泡辣椒を合わせ、霧吹きで水をまんべんなくかけてよく混ぜる。
❷①をペットボトル（500ml）に入れてしっかりと栓を閉める。冷暗所に半年間置いて発酵させる（開栓すると腐敗がはじまるので途中で開栓しない。使用時は急に開栓すると内容物が噴き出す可能性があるのでゆっくり開栓する）。

ユィチャップ（蒸し魚のタレ）
❶鍋に水を張り、シャンツァイの根と茎、甘草を入れて加熱する。沸騰したら弱火にして30分間煮出す。
❷調味料Bを加え、沸騰させないように火力を加減しつつ30分間加熱する。加熱を止めて鍋のまま常温で1日間置く。
❸②を漉し、別の容器に移し替えて冷蔵庫でストックする。

発酵中華　│　P072

酸笋焖鸭
suān sǔn mèn yā

発酵タケノコと鴨の煮込み

材料（4人分）
鴨肉*（ぶつ切り）　500g
発酵タケノコ*（市販品／薄切り）
1瓶　270g［うち固形物は160g］）
キクラゲ（生／ぶつ切り）　50g
ネギ（青い部分／ぶつ切り）適量
ショウガ（薄切り）　適量
香味食材
　ニンニク（薄切り）　1片
　ショウガ（薄切り）　1枚
　赤唐辛子（乾燥／ぶつ切り）　1本
　桂皮*　4cm
　ローリエ　2枚
調味スープ
　鶏湯*　100ml
　水　100ml
　醤油ソース　大さじ2
　（以下は作りやすい分量）
　　濃口醤油　1500ml
　　料理酒　750ml
　　紹興酒　750ml
　　砂糖　450g
　濃口醤油　10ml
　酢　10ml
　塩　2つまみ
水溶き片栗粉　少量

＊鴨肉　できれば丸1羽仕入れ、胸肉、腿肉ともに骨付きのままぶつ切りにする。
＊発酵タケノコ　P117の52
＊桂皮　P114の14
＊鶏湯　P114の21

作り方
❶鴨肉を骨ごとひと口大にぶつ切りにする。
❷中華鍋を火にかけて空焼きする。油は敷かずに①、ネギ、ショウガを入れ、鴨肉の表面に焼き色をつける。
❸②の鍋に沸騰させたお湯（分量外）を加え、しばらく加熱して鴨肉の臭みを抜く。鴨肉を鍋から取り出して水洗いし、水気をきる。
❹中華鍋を火にかけて油ならしをし、香味食材を炒めて香りを出す。
❺④に発酵タケノコ、③の鴨肉、調味スープを加えて沸騰させる。沸騰したら弱火にして蓋をして50分間煮る。
❻⑤にキクラゲを加えてさらに10分間煮る。
❼⑥に水溶き片栗粉を加えて軽くとろみをつけ、器に盛る。

発酵中華 ｜ P073

大澳虾膏小炒皇
dà ào xiā gāo xiǎo chǎo huáng

干しイカと野菜の海老発酵醤炒め

材料(4人分)
- イカ 1/2 杯
- 大虎蝦干*（干しエビ大） 3本
- 銀魚*（オオシラウオ／乾燥） 10g
- モヤシ 150g
- ニンニク（みじん切り） 2.5g
- ショウガ（みじん切り） 2.5g
- 蝦醤*（自家製） 20g

（以下は作りやすい分量）
- 蝦膏* 200g
- ネギ（青い部分） 1本分
- ショウガ（皮） 5〜6片
- 紹興酒 100mℓ
- ピーナッツ油 200mℓ

- 赤ピーマン（幅1cmの拍子木切り） 1/4 個
- セロリ（幅1cmの拍子木切り） 20g

調味料
- オイスターソース 小さじ2
- 紹興酒 10mℓ
- コショウ 少量

- カシューナッツ 10粒
- ニラ（約4cmに切る） 20g
- 葱油 5mℓ

*大虎蝦干 P115の33
*銀魚 P113の4
*蝦醤 P115の26
*蝦膏 P115の25

作り方
1. イカを3%の塩水に1時間漬けた後、1日風干ししてイカの一夜干しを作る。
2. ①に紹興酒を少量（分量外）ふりかけ、蒸籠で90秒間蒸す。
3. 大虎蝦干を水に5〜6時間浸してもどす。背ワタを取り除く。
4. 銀魚を180℃の油でカリカリに素揚げする。
5. モヤシを水からゆでて、ザルに上げて水気をきる。
6. 中華鍋を火にかけて油ならしをし、ニンニク、ショウガ、蝦醤（後述）を炒める。香りが出たら②、③、⑤、赤ピーマン、セロリを加えてさらに炒める。
7. ⑥に調味料、④、カシューナッツ、ニラを加えて引き続き炒める。葱油をまわしかけて鍋を数回煽る。

蝦醤
1. ボウルに蝦膏、ネギ、ショウガ、紹興酒を入れてボウルごと（ラップ紙はしない）蒸籠で2時間蒸す。ネギ、ショウガは取り出す。
2. ピーナッツ油を加えて練る（完成後は冷蔵庫で保存可能）。

発酵中華 ｜ P074

焖酸鸭
mèn suān yā

鴨のなれずし炒め煮

材料(4人分)

鴨のなれずし（以下は作りやすい分量）
- 鴨肉（骨付き） 1羽（約2.5kg）
- モチゴメ 鴨肉の重量の15%

漬け込み材料
- 粗塩 鴨肉の重量の4.2%
- ニンニク（包丁で叩く） 1片
- コブミカンの葉*（乾燥） 3枚
- 一味唐辛子 3g

本調理
- 鴨のなれずし 200g
- ピーマン（幅1cmの細切り） 1個
- トマト（ざく切り） 中1/2個
- 鶏湯* 70mℓ
- 水 70mℓ
- 鴨の蒸し汁 適量

*コブミカンの葉 P114の17
*鶏湯 P114の21

作り方

鴨のなれずし
1. 鴨肉を骨ごと約6cm角にぶつ切りにする。
2. ボウルでモチゴメを研ぐ。研いだ後、まっさらの水（分量外）を張ってモチゴメを30分間浸け、ザルに上げる。研ぎ汁は別のボウルに取りおく。
3. ②で取りおいた研ぎ汁に①を約10分間浸ける。ザルに上げる。
4. 蒸籠に蒸し布を敷いて②のモチゴメを広げ、蒸し布で包む。強火で40分間蒸す。蒸し上がったら水で洗って粘り気を落とす。
5. ④に漬け込み材料を混ぜ合わせて漬け床とする。ここに③の鴨肉を入れてなじませる。
6. ⑤を漬け床ごと容器に入れて蓋をし（密閉しないほうがよい）、常温で置いて発酵させる。1日おきぐらいの間隔でビニール袋をした手で混ぜる。
7. ほどよく発酵が進んだら（夏は2〜3日間、冬は4〜5日間が目安［漬け床はドロドロの状態］）、密閉容器に移して冷蔵庫で1週間寝かせる（その後、冷蔵で約2週間の保存が可能だが、発酵が進むので好みの頃合いで冷凍する）。

本調理
1. 鴨のなれずし（漬け床がついたままでよい）をひと口大に切り、平らなバットに入れる。バットごと（ラップ紙はかけない）蒸籠に入れ、中火で45分間蒸す。バットに残った蒸し汁は取りおき、表面に浮いた油脂分を取り除く。
2. ピーマンを油通しする。
3. 中華鍋を火にかけて鶏湯、水、①で取りおいた鴨の蒸し汁の半量、①の鴨のなれずし、②、トマトを加えて炒め煮にする。必要に応じて塩を加えて味をととのえる。
4. トマトが柔らかくなるまで（形は残す）煮込む。

発酵中華 ｜ P076

烤酸肉
kǎo suān ròu

豚肉麹漬けのロースト

材料(4人分)

豚肉麹漬け
- 豚肩ロース肉（塊） 300g

漬け床
- モチゴメ 200g
- 赤唐辛子 100g
- ショウガ（みじん切り） 30g
- 木姜子*（みじん切り） 30g

漬け込み材料
- 米麹 50g
- 赤唐辛子（韓国産／粗挽き） 30g
- 白酒 50mℓ
- ナンプラー 15mℓ
- 蝦醤* 大さじ1
- 塩 6g

本調理
- 白髪ネギ 適量
- シャンツァイ 3株

*木姜子 P118の67
*蝦醤 P115の26

作り方

豚肉麹漬け
1. 豚肩ロース肉のスジを適度に取り除く。
2. ①を漬け床（後述）にしっかりと埋めて、冷蔵庫で1週間漬け込む。

漬け床
1. ボウルなどでモチゴメを研ぎ、まっさらの水（分量外）に一晩浸けた後、ザルに上げる。蒸籠に蒸し布を敷いてモチゴメを広げ、蒸し布で包む。強火で20分間蒸す。
2. 赤唐辛子をサッと油通しし、ザルにとって冷ます。みじん切りにする。
3. ①、②、ショウガ、木姜子、漬け込み材料を合わせて混ぜ、ビニール袋に入れて口を縛り常温で2日間置いて発酵させる。
4. ③を冷蔵庫で1週間寝かせる。

本調理
❶豚肉麹漬けを漬け床から取り出す(漬け床がついたままでよい)。
❷200℃のオーブンで15分間加熱する。ひと口大に切り分ける。
❸皿に白髪ネギを敷き、その上に②を盛る。オーブンで一緒に加熱した漬け床とシャンツァイを添える。

発酵中華 | P076

炸红糟肉
zhá hóng zāo ròu

豚ロース紅麹漬け唐揚げ

材料(4人分)
豚ロース肉　200g
漬け床
　紅糟　大さじ2
　(以下は作りやすい分量)
　　モチゴメ　600g
　　紅麹(粉末)　60g
　　台湾米酒*　600ml
　　塩　18g
　紅腐乳*　大さじ2
　台湾米酒　大さじ1
　葱油　大さじ2
　砂糖　大さじ1
タピオカ粉　適量
白髪ネギ　適量
シャンツァイ　適量

＊台湾米酒　P115の35
＊紅腐乳　P118の62

作り方
❶豚ロース肉を肉叩きで叩き、包丁でスジ切りする。
❷①に漬け床(材料[紅糟は後述]をよく混ぜる)をなじませ、ラップ紙で包んで冷蔵庫に一晩置く。
❸②の肉(漬け床がついたままでよい)にタピオカ粉をまんべんなくつける。
❹③を150℃の油で2分間揚げ、炸籬で引き上げる。油温を180℃に上げ、肉を再度入れて約30秒間揚げる。
❺皿に白髪ネギを敷き、④を切って盛る。シャンツァイを添える。

紅糟
❶ボウルなどでモチゴメを研ぎ、まっさらの水(分量外)に一晩浸けた後、ザルに上げる。蒸籠に蒸し布を敷いてモチゴメを広げ、蒸し布で包む。強火で20分間蒸す。
❷①の蒸し上がったモチゴメに風を当て、35℃に冷ます。
❸②に紅麹、台湾米酒200mlを加えて混ぜる。

❹③を滅菌した瓶に入れて、アルコール消毒したガーゼで瓶の口を覆い(瓶に栓はしない)、常温で一晩寝かせる。
❺④に台湾米酒200mlを加え、冷暗所でさらに一晩寝かせる。
❻⑤に台湾米酒200ml、塩を加え、常温で1週間寝かせて発酵させる。

発酵中華 | P077

洞庭臭鱼
dòng tíng chòu yú

臭魚
～アオサノリと豆板醤ソース

材料
臭魚(以下は作りやすい分量)
　ティラピア　3尾
　(1尾あたり400〜500g)
　発酵液
　　水　2000ml
　　塩　40g
　　臭豆腐*(市販品)　120g
　　紹興酒　20ml
　　白酒　20ml
　　ニンニク(包丁で叩く)　1片
　　ショウガ(薄切り)　少量
　　一味唐辛子　小さじ1
本調理(3〜4人分)
臭魚　1尾
香味材料
　青唐辛子(小口切り)　2本
　ニンニク(みじん切り)　小さじ1
　ショウガ(みじん切り)　小さじ1
　泡辣椒*(みじん切り)　小さじ1
　桂林辣椒醤*　小さじ1
　花椒　少量
ネギ(斜め切り)　50g
エノキタケ　25g
スープ材料
　鶏湯*　120ml
　水　100ml
　臭魚を漬け込んだ汁　40ml
　醤油ソース　30ml
　(以下は作りやすい分量)
　　濃口醤油　1500ml
　　料理酒　750ml
　　紹興酒　750ml
　　砂糖　450g
アオサノリ(乾燥)　1g
水溶き片栗粉　少量
豆板老油*(市販品)　60g

＊臭豆腐　P116の40
＊泡辣椒　P117の51
＊桂林辣椒油　P114の15
＊鶏湯　P114の21
＊豆板老油　P116の46

作り方
臭魚
❶ティラピアのウロコとエラを掃除し、腹開きで内臓を取り出す。
❷発酵液の材料(臭豆腐は汁ごとミキサーにかけてペーストにする)を混ぜ合わせ、魚を平らに置ける大きさの容器に注ぎ入れる。
❸①を②に漬けて蓋をし、常温で発酵させる(夏は1〜2日間、冬は3〜4日間、冷蔵庫は6日間が目安)。

本調理
❶臭魚に3ヵ所ほど隠し包丁を入れ、多めの油(170℃)でカリッとするまで揚げる。
❷中華鍋を火にかけて油ならしをし、香味材料を炒めて香りを出す。
❸②の鍋にネギ、エノキタケ、スープ材料(醤油ソースは材料を混ぜて砂糖を溶かす)を加えて味をととのえる。
❹③に①の臭魚を加え、中火で1〜2分間煮る。魚を取り出して皿に盛り、煮汁はそのまま取りおく。
❺④で取りおいた煮汁を中火で加熱し、アオサノリを加えてなじませる。水溶き片栗粉を加えてとろみをつけた後、豆板老油をたらし入れる。
❻④で皿に盛った魚の上から⑤をまわしかける。

発酵中華 | P078

炸酸鱼
zhá suān yú

白身魚の揚げなれずし

材料
ティラピアのなれずし
(以下は作りやすい分量)
　ティラピア　1尾
　モチゴメ　魚の重量に対して15%
　漬け込み材料
　　粗塩　魚の重量に対して3%
　　ニンニク(包丁で叩く)　1片
　　コブミカンの葉*(乾燥)　2枚
　　一味唐辛子　小さじ1
本調理(3〜4人分)
ティラピアのなれずし　1尾
白絞油　100ml
ニンニク(粗みじん切り)　2片
ディル(ざく切り)　適量
シャンツァイ(ざく切り)　適量

＊コブミカンの葉　P114の17

作り方
ティラピアのなれずし
❶ティラピアのウロコとエラを掃除して2枚におろし、7cmの幅に切る。

❷ボウルでモチゴメを研ぎ、まっさらの水（分量外）に30分間浸けた後、ザルに上げる。研ぎ汁は別のボウルに取りおく。
❸②で取りおいた研ぎ汁に①を約10分間浸ける。ザルに上げる。
❹蒸籠に蒸し布を敷いて②のモチゴメを広げ、蒸し布で包む。強火で40分間蒸す。蒸し上がったら水で洗って粘り気を落とす。
❺④に漬け込み材料を混ぜ合わせて漬け床とし、③のティラピアを入れてなじませる。
❻⑤を漬け床ごと容器に入れて蓋をし（密閉しないほうがよい）、常温で発酵させる。1日おきぐらいの間隔でビニール袋をした手で混ぜる。
❼ほどよく発酵が進んだら（夏は2～3日間、冬は4～5日間が目安［漬け床のモチゴメの形がやや残っている状態］）、密閉容器に移して冷蔵庫で1週間寝かせる（その後、冷蔵で約2週間の保存が可能だが、発酵が進むので好みの頃合いで冷凍する）。

本調理
❶中華鍋を火にかけて白絞油を注ぎ入れ、ニンニクを揚げ炒めにして香りを引き出す。
❷①にティラピアのなれずし（漬け床が多少ついたままでよい）を加えて揚げ炒めにする。
❸②を油ごと皿に盛り、ディル、シャンツァイを添える。

発酵中華 ｜ P079

香辣臭豆腐
xiāng là chòu dòu fu

香り薬味臭豆腐

材料
臭豆腐*
　木綿豆腐　1丁
　発酵液
　　シャンツァイ（ざく切り）　100g
　　ハクサイ（ざく切り）　100g
　　タケノコの水煮（ざく切り）　100g
　　湯ざまし　3000㎖
　　調味料A
　　　蝦醤*　10g
　　　干しエビ　10g
　　　塩　5g

本調理（3人分）
　臭豆腐　1丁
　調味料B
　　豆板醤　30g
　　沙茶醤*　35g
　　濃口醤油　35㎖
　　味噌（日本の合わせ味噌）　35g
　　上白糖　20g
　　水　20㎖

シャンツァイ（みじん切り）　適量
ラッキョウの甘酢漬け
（みじん切り）　適量
ピーナッツ粉　適量

*臭豆腐　P116の40
*蝦醤　P115の26
*沙茶醤　P96参照、P115の23

作り方
臭豆腐
❶木綿豆腐に重しをして半日間ほど置き、水切りする。
❷①を発酵液（後述）に入れて、常温で半日～1日漬ける（発酵が浅い発酵液なら1日、しっかり発酵した発酵液なら半日間が目安）。

発酵液
❶シャンツァイ、ハクサイ、タケノコの水煮に塩（分量外）をふって水分を出し、ザルに上げて半日間ほど干す。
❷滅菌した漬物用の密閉容器に①、湯ざましを入れ、調味料Aを加える。蓋をして常温で約2週間置いて発酵させる。
❸②の液体がくさやのような香りになったら漉す（発酵液は豆腐1丁なら約10回漬けることが可能）。

本調理
❶臭豆腐を4㎝×3㎝×1㎝の大きさに切り、200℃の油で表面がキツネ色になるまで揚げる。
❷①の臭豆腐を3個ずつ串に刺し、表面に調味料B（材料を混ぜ合わせる）を塗る。サラマンダーで表面に焼き色がつくまで加熱する。
❸器に②を盛り、シャンツァイ、ラッキョウの甘酢漬けをのせてピーナッツ粉をふりかける。

発酵中華 ｜ P080

臭豆腐肥肠煲
chòu dòu fu féi cháng bāo

臭豆腐とモツの麻辣煮込み

材料
臭豆腐*（以下は作りやすい分量）
　木綿豆腐　1丁
　発酵液
　　シャンツァイ（ざく切り）　100g
　　ハクサイ（ざく切り）　100g
　　タケノコの水煮（ざく切り）　100g
　　湯ざまし　3000㎖
　　調味料A
　　　蝦醤*　10g
　　　干しエビ　10g
　　　塩　5g

本調理（3～4人分）
　豚の大腸　100g
　臭豆腐　1丁
　玫瑰露酒*　適量
　片栗粉　適量
　潮州鹵水（以下は作りやすい分量）
　　スープ
　　　水　8000㎖
　　　豚背骨　1kg
　　　鶏足（モミジ）　1kg
　　　鶏ガラ　1kg
　　香味野菜（以下はすべて少量）
　　　ネギ（粗みじん切り）
　　　ショウガ（粗みじん切り）
　　　ニンニク（粗みじん切り）
　　調味料B
　　　塩　200g
　　　ナンプラー　30㎖
　　　紹興酒　150㎖
　　　氷砂糖　300g
　　　生抽*　400㎖
　　スパイス（以下はすべて少量）
　　　草果*
　　　甘草*
　　　八角
　　　ローリエ
　　　花椒
　　　桂皮*
　　　羅漢果*
　　　クローブ
　　　陳皮*
　　　レモングラス
　　　カー*
　鶏湯*　300㎖
　火鍋の醤　大さじ1
　（以下は作りやすい分量）
　　郫県豆板醤*　200g
　　火鍋底料（市販品）*　200g
　　豆豉（みじん切り）　50g
　　ニンニク（みじん切り）　50g
　　ショウガ（みじん切り）　50g
　　ピーナッツ油　200㎖
　マイタケ（食べやすい大きさ）　50g
　エノキタケ
　（食べやすい大きさ）　50g
　ニラ（約4㎝に切る）　½束

*臭豆腐　P116の40
*蝦醤　P115の26
*玫瑰露酒　P118の68
*生抽　P115の29
*草果　P115の31
*甘草　P114の11
*桂皮　P114の14
*羅漢果　P118の72
*陳皮　P116の42
*カー　P113の8
*鶏湯　P114の21
*郫県豆板醤　P117の54
*火鍋底料　P117の55

作り方
臭豆腐
❶木綿豆腐に重しをして半日間ほど置き、水切りする。
❷①を発酵液（後述）に入れて、常温で半日～1日漬ける（発酵が浅い発酵液なら1日、しっかり発酵した発酵液なら半日間が目安）。
発酵液
❶シャンツァイ、ハクサイ、タケノコの水煮に塩（分量外）をふって水分を出し、ザルに上げて半日間ほど干す。
❷滅菌した漬物用の密閉容器に①、湯ざましを入れ、調味料Aを加える。蓋をして常温で約2週間置いて発酵させる。
❸②の液体がくさやのような香りになったら漉す（発酵液は豆腐1丁なら約10回漬けることが可能）。
本調理
❶豚の大腸を片栗粉と玫瑰露酒で揉んでから水洗いしてぬめりを落とす。表裏を返して同様に揉んでから水洗いする。再び表裏を返す。
❷鍋にお湯を沸かして①を入れ、お湯が再沸騰するまでゆでる（1～2分間）。ザルに上げる。
❸②を流水で洗い、ぬめりをさらに落とす。
❹鍋に潮州鹵水（後述）を沸かして③を入れ、ふつふつと軽く沸き立つ程度の火力で50分間加熱する。ザルに上げる。
❺④をひと口大に切る。
❻臭豆腐を8等分し、臭みを和らげるためにお湯でサッとゆでる。
❼鍋に鶏湯、火鍋の醤（材料を合わせて煮立たせる）、⑤、⑥、マイタケ、エノキタケを入れて弱火で約10分間煮る。
❽塩（分量外）を加えて塩気がはっきりと感じる程度に味をととのえ、加熱を止めてからニラを加え、ひと混ぜする。器に盛る。
潮州鹵水
❶鍋に水を張ってスープの材料を入れ、ふつふつと軽く沸き立つ程度の火力で2時間加熱する。漉してスープとする。
❷①のスープに香味野菜、調味料B、スパイスを加えて加熱し、沸騰したら加熱を止める。
❸②を漉し、容器に移して粗熱をとり、冷蔵保存する。

発酵中華 | P080

潮州豆醬豆腐
cháo zhōu dòu jiàng dòu fu

蒸し豆腐 潮州豆醬ソース

材料（4人分）
絹ごし豆腐　200g
毛瓜*　200g
鶏湯*　50mℓ
塩　5g
コショウ　少量
水溶き片栗粉　5g
潮州豆醬タレ
（以下は作りやすい分量）
　ニンニク（みじん切り）　2.5g
　ショウガ（みじん切り）　2.5g
　ネギ（みじん切り）　5g
　潮州豆醬*　10g
　鶏湯　100mℓ
　砂糖　2.5g
　水溶き片栗粉　5g
山椒辣油　30mℓ
　辣油　30mℓ
　花椒　10g
小ネギ（小口切り）　適量

*毛瓜　P118の65
*鶏湯　P114の21
*潮州豆醬　P116の36

作り方
❶毛瓜の皮をむき、約1cm角に切る。蒸籠で2時間蒸す。
❷鍋（アルミ製）に①、絹ごし豆腐を入れ、おたまでつぶして混ぜる。
❸鶏湯、塩、コショウを加えて沸騰するまで加熱する。
❹水溶き片栗粉を加えてとろみをつける。
❺④をボウルに移し、蒸籠に入れて5～6分間蒸す。
❻⑤を器に盛って潮州豆醬タレ（後述）をかけ、小ネギをあしらう。山椒辣油（材料を合わせる）を添えて提供する。
潮州豆醬タレ
❶中華鍋を火にかけて油ならしをし、ニンニク、ショウガを入れて炒める。香りが出たら潮州豆醬、鶏湯、砂糖を加える。
❷①を3秒間加熱して水分を飛ばし、ネギを加えて鍋を2～3回煽る。水溶き片栗粉を加えてとろみをつける。

発酵中華 | P081

湖南魚子豆腐
hú nán yú zi dòu fu

魚卵の猛毒豆腐

材料（4人分）
木綿豆腐（約2cm角に切る）　⅔丁
フグの卵巣の糠漬け*（市販品）　小さじ1.5
ニンニク（みじん切り）　適量
ショウガ（みじん切り）　適量
調味料
　豆板醤　小さじ1.5
　豆鼓　小さじ⅔
　紹興酒　3.2mℓ
鶏湯*　150mℓ
干しシイタケ（みじん切り）　10g
醤油ソース　大さじ1
（以下は作りやすい分量）
　濃口醤油　1500mℓ
　料理酒　750mℓ
　紹興酒　750mℓ
　砂糖　450g
葉ニンニク（みじん切り）　適量
ネギ（みじん切り）　適量
老抽*　少量
豆板老油*（市販品）　大さじ1.5

*フグの卵巣の糠漬け　P117の56
*鶏湯　P114の21
*老抽　P118の71
*豆板老油　P116の46

作り方
❶鍋にお湯を沸かして塩1つまみ（分量外）を入れる。木綿豆腐を入れ、煮立たせないように注意しながら豆腐の中心まで温かくなるように加熱する。
❷フグの卵巣の糠漬けは膜ごと叩いてペーストにする。
❸中華鍋を火にかけて油ならしをし、ニンニク、ショウガ、調味料、②を炒める。香りが出たら鶏湯、干しシイタケ（水に浸けてもどす）、醤油ソース（材料を合わせて砂糖を溶かす）を加える。
❹③に①の豆腐を加えてひと煮立ちさせる（豆腐の形を崩さないように注意する）。
❺葉ニンニク、ネギ、色づけの老抽を加えて鍋を数回煽る。
❻豆板老油を加えて照りを出し、皿に盛る。

発酵中華 | P083

萌凤梨苦瓜鸡汤
yīn fèng lí kǔ guā jī tāng

鶏とニガウリと
発酵パイナップル醤のスープ

材料（4人分）
鶏手羽中　200g
白ニガウリ*　中1本
ショウガ（薄切り）　1個分
鶏湯*　500㎖
台湾米酒*　15㎖
パイナップル醤*　50g
ゴマ油　15㎖
塩　適量

*白ニガウリ　P115の30
*鶏湯　P114の21
*台湾米酒　P115の35
*パイナップル醤　P82参照

作り方
❶白ニガウリを縦に2等分し、ワタを取り除く。2～3cmの厚さに斜め切りする。
❷①に塩をふり、常温で約30分間置く。
❸鍋にお湯を沸かし、鶏手羽中、②をサッとゆでてアク抜きをする。
❹中華鍋を火にかけて、ショウガをゴマ油で炒める。
❺④の鍋に③の鶏手羽中と白ニガウリ、鶏湯、台湾米酒、パイナップル醤を加え、弱火で15分間煮る。
❻塩で味をととのえる。

発酵中華 | P084

酱香凤梨烤鱼
jiàng xiāng fèng lí kǎo yú

発酵パイナップル醤の焼き魚

材料（5～6人分）
キンメダイ　1尾（約1kg）
パイナップル醤*　トマトと同量
トマト　大1個
ショウガ（みじん切り）　大さじ1
シャンツァイ（みじん切り）　大さじ3
ピーナッツ油　60㎖
塩　少量
コショウ　少量
紹興酒　少量
調味料
　スイートチリソース（市販品）
　大さじ1
　海鮮醤*（市販品）　15㎖

*パイナップル醤　P82参照
*海鮮醤　P113の9

作り方
❶キンメダイのウロコとエラを掃除し、腹開きで内臓を取り出す。
❷①を観音開きにして塩、コショウ、紹興酒をふり、しばらく置く。
❸②を皮目を上にして250℃のオーブンに入れ、7分間加熱する。
❹パイナップル醤のパイナップルを約2cm角に切る。
❺トマトを皮付きのままヘタを取り除き、約2cm角に切る。
❻ボウルに④、⑤を合わせ、ショウガ、シャンツァイを加えて混ぜる。
❼ピーナッツ油を熱して、⑥にまわしかける。
❽⑦に調味料を加えて混ぜる。
❾③のキンメダイを皮目を上にして皿に盛り、⑧をまわしかける。

発酵中華 | P086

黄瓜皮蒸鱼
huáng guā pí zhēng yú

白身魚の蒸し物
～黄色キュウリの漬物と
広西オリーブ

材料（5～6人分）
白身魚（今回はハタ）　1尾
紹興酒　適量
薬味
　材料A
　　黄瓜皮*（みじん切り）　3本
　　赤唐辛子（みじん切り）　1本
　材料B
　　欖子（塩漬け／みじん切り）
　　5個
　　泡姜*（みじん切り）　50g
　　揚げニンニク　10g
　　（以下は作りやすい分量）
　　　ニンニク（みじん切り）　500g
　　　白絞油　500㎖
　ピーナッツ油（炒め用）　20㎖
　調味料A
　　オイスターソース　5g
　　ユィチャップ（蒸し魚のタレ）
　　小さじ1（以下は作りやすい分量）
　　　水　1000㎖
　　　シャンツァイの根と茎　30g
　　　甘草*　5g
　　　調味料B
　　　　濃口醤油　200㎖
　　　　ナンプラー　10㎖
　　　　シーズニングソース（市販品）
　　　　45㎖
　　　　塩　10g
　　　　グラニュー糖　20g
ピーナッツ油（仕上げ用）　30㎖
黄瓜皮（縦に4等分）　1本
シャンツァイ（ざく切り）　適量

*黄瓜皮　P117の61
*欖子　P118の73
*泡姜　P117の50
*甘草　P114の11

作り方
❶魚のウロコとエラを掃除し、腹開きで内臓を取り出す。
❷①の頭を左にしてまな板にのせ、腹近辺に「×」の字の飾り包丁をひとつ入れる。逆の面には、頭から尾にかけて背骨に沿ってひと筋の隠し包丁を入れる。
❸魚の水分をしっかりと拭き取り、ペーパータオル、ラップ紙の順で巻く。冷蔵庫で1日寝かせる。
❹ペーパータオル、ラップ紙を外し、魚の水分をしっかりと拭き取る。魚の全体（腹の内側も）に紹興酒をまんべんなくふりかけて皿にのせ、魚の上に薬味（後述）をのせる。蒸籠に入れて、魚にしっかりと火が通るまで強火で蒸す（蒸し時間の目安は100gで90秒間）。
❺ピーナッツ油（仕上げ用）を熱し、蒸し上がった魚にまわしかける。
❻魚を薬味ごと皿に盛る。残った蒸し汁は鍋で熱した後、皿に盛った魚の上からまわしかける。黄瓜皮、シャンツァイを添える。
薬味
❶中華鍋を火にかけてピーナッツ油（炒め用）を入れ、材料Aを炒める。ボウルに移して冷ます。
❷①に材料B（揚げニンニクは後述）、調味料A（ユィチャップは後述）を加えて混ぜる。
揚げニンニク
❶ボウルに水を張り、ニンニクを1分間さらす。水気をよくきる。
❷130℃の白絞油に①を入れ、混ぜながら油温を上げる。ニンニクが黄金色に色づいたら炸鏈で引き上げ、油をよくきる。
❸ペーパータオルを敷いたバットに②を並べ、粗熱をとる。
ユィチャップ（蒸し魚のタレ）
❶鍋に水を張り、シャンツァイの根と茎、甘草を入れて加熱する。沸騰したら弱火にして30分間煮出す。
❷調味料を加え、沸騰させないように火力を加減しつつ30分間加熱する。加熱を止めて鍋のまま常温で1日置く。
❸②を濾し、別の容器に移し替えて冷蔵庫でストックする。

発酵中華　｜　P088

剁椒鲶鱼
duò jiāo nián yú

鯰の発酵唐辛子蒸し

材料（5～6人分）
アメリカナマズ　1尾（1.5～2kg）
塩　少量
紹興酒　適量
ネギ（粗みじん切り）　適量
ショウガ（粗みじん切り）　適量
発酵薬味
　剁椒（みじん切り）　100g
　（以下は作りやすい分量）
　　赤唐辛子（みじん切り）　600g
　　赤パプリカ（みじん切り）　1個
　　ニンニク（みじん切り）　100g
　　塩　18g
　ラッキョウの塩水漬け（みじん切り）
　100g　（以下は作りやすい分量）
　　ラッキョウ（鳥取県産）　1kg
　　下漬けの材料
　　　水　700mℓ
　　　塩　150g
　　本漬けの材料
　　　水　150mℓ
　　　砂糖　250g
　　　酢　360mℓ
　　　赤唐辛子（乾燥／
　　　　小口切り）　適量
　ショウガ（みじん切り）　50g
　小ネギ（みじん切り）　50g
　ピーナッツ油　適量
　海鮮醤油（市販品）　少量

作り方
❶ナマズは腹開きで内臓を取り出す。熱湯をまわしかけてぬめりを取る（表面のぬめりが白っぽく浮いてくるので、たわしなどでこそげ落とす）。
❷①に塩、紹興酒をふり、ネギ、ショウガをのせて蒸籠で蒸す（蒸し時間の目安は100gで90秒間）。
❸発酵薬味を作る。ボウルに剁椒（後述）、ラッキョウの塩水漬け（後述）、ショウガ、小ネギを入れ、熱したピーナッツ油を材料がひたひたになるまで注ぎ入れる。海鮮醤油を加えて味をととのえる。
❹皿に②のナマズを盛り、上から③をまわしかける。

剁椒
❶赤唐辛子、赤パプリカ、ニンニクに塩を混ぜて密閉容器に入れる。常温に置いて発酵させ、発酵したら冷蔵保存する（約20℃なら3～4日間で発酵する）。

ラッキョウの塩水漬け
❶ラッキョウの茎と根を切り落とす。
❷瓶を滅菌して水を入れ、塩を加えて溶かす。
❸①を②に入れて常温で2週間置き、乳酸発酵させる（下漬け）。
❹瓶からラッキョウを取り出して1日流水にあて、塩抜きする。ザルに上げる。
❺沸騰させたお湯に④をザルごと約10秒間くぐらせた後、冷ます（この工程により、本漬け後もラッキョウにカリカリの食感が残る）。
❻瓶を滅菌して水を入れ、砂糖を加えて溶かす。酢、赤唐辛子を加える。
❼⑤を⑥に入れて常温で1ヵ月間以上漬ける（本漬け。その後、約1年間は常温で保存可能）。

スパイス中華　｜　P092

药膳卤鸭
yào shàn lǔ yā

台湾風鴨のスパイス煮込み

材料（4人分）
鴨の頭　2羽分
鴨の首　2羽分
鴨の舌　100g
鴨の水かき　100g
鴨の古　100g
台湾卤水（以下は作りやすい分量）
　水　3000mℓ
　濃口醤油　800mℓ
　砂糖　200g
　台湾米酒*　50mℓ
　ネギ（青い部分／
　　ぶつ切り）　5～6cm分
　ショウガ（3mmの厚さ）　1片
　ニンニク　1片
　草果*　少量
　甘草*　少量
　八角　少量
　クローブ　少量
　ローリエ　少量
　花椒　少量
　桂皮*　少量
シャンツァイ　適量

*台湾米酒　P115の35
*草果　P115の31
*甘草　P114の11
*桂皮　P114の14

作り方
❶鍋にお湯を沸かし、鴨の頭、首、舌、水かきを入れてアク抜きする。再沸騰したら引き上げる。
❷台湾卤水（後述）を沸騰させ、頭、首、水かきを入れる。再沸騰したら弱火で30分間ゆでる。
❸②に舌を加え、弱火でさらに20分間ゆでる。
❹頭、首、舌、水かきをバットに並べ、粗熱をとる。
❺④を網にのせ、燻製器に入れて5時間燻製する（燻製材はリンゴチップ）。刷毛でゴマ油（分量外）を塗る。
❻皿に盛り、シャンツァイを添える。

台湾卤水
❶鍋にすべての材料を入れて沸騰させる。沸騰したら加熱を止める。
❷容器に移して粗熱をとる。蓋をして冷蔵保存する。

スパイス中華　｜　P094

药膳蚕豆
yào shàn cán dòu

戻し空豆の薬膳蜜煮

材料（4人分）
ソラマメ（乾燥）　200g
水　650mℓ
重曹　小さじ½
調味料
　八角　1個
　桂皮*　5cm
　甘草*（スライス）　4枚
　陳皮*　2枚
　中ザラ糖　190g
　濃口醤油　3.2mℓ
　ショウガの絞り汁　少量

*桂皮　P114の14
*甘草　P114の11
*陳皮　P116の42

作り方
❶ソラマメをたっぷりの水（分量外）に浸けて常温で一晩置く。ザルに上げる。
❷鍋に①、水、重曹を入れて中火でゆでる。ソラマメがやや硬い状態で加熱を止めて、ザルに上げる。
❸別の鍋に調味料をすべて入れて沸騰させる。
❹③の鍋に②のソラマメを入れ、柔らかくなるまで煮る。

スパイス中華 | P095

五味子汁烤鸭
wǔ wèi zi zhī kǎo yā

鴨のロースト～五味子ソース

材料(4人分)
鴨胸肉　80g
五味子ソース　60mℓ
(以下は作りやすい分量)
　五味子*　20g
　水　80mℓ
　上白糖　32g
　ハチミツ　16g
　塩　1つまみ
黒酢ソース　15mℓ
(以下は作りやすい分量)
　中ザラ糖　140g
　塩　7g
　黒酢　158mℓ
　酢　44mℓ
　紹興酒　72mℓ
　濃口醤油　30mℓ
　水　128mℓ
リンゴ　¼個
金針菜　12個

*五味子　P114の18

作り方
鴨のロースト
❶鴨胸肉の脂の表面に格子状(7～8mm四方)に隠し包丁を入れる。
❷中華鍋を熱して肉を脂の面を下にして入れ、にじみ出てきた油脂をかけながらキツネ色になるまで加熱する。
❸肉をスチームコンベクションオーブン(予熱150℃・芯温40℃)で加熱する。
❹肉をアルミ箔で包み、常温で20分間休ませる。
❺小鍋に五味子ソース(後述)と黒酢ソース(後述)を4対1で合わせて加熱し、水溶き片栗粉(分量外)でとろみをつける。
❻❹の肉を約3mmの厚さに切り揃え、リンゴ(皮付きのままくし形切りにし、7～8分間蒸す)、金針菜(塩ゆでする)とともに皿に盛る。肉に❺をかける。
五味子ソース
❶ボウルに水を張って五味子を入れて蓋をし、蒸籠で25分間蒸す。
❷別のボウルに上白糖とハチミツを合わせておき、①、塩を加えて混ぜる。
黒酢ソース
❶小鍋にすべての材料を合わせて加熱し、砂糖を煮溶かす。

スパイス中華 | P097

沙茶烤茭白
shā chá kǎo jiāo bái

焼きマコモダケの沙茶醤和え

材料(4人分)
マコモダケ　3本
沙茶醤*　大さじ2
海鮮醤油(市販品)　15mℓ

*沙茶醤　P96参照、P115の23

作り方
❶マコモダケの外皮を外し(皮は取りおく)、硬い部分がなくなるまでピーラーでむく。
❷マコモダケを蒸籠で4分間蒸す。
❸蒸し上がったマコモダケに沙茶醤、海鮮醤油を和える。
❹バットに③、①で取りおいた皮をのせ、表面をガスバーナーで炙る。
❺④のマコモダケと皮を器に盛る。

スパイス中華 | P098

沙茶鹿肉
shā chá lù ròu

鹿肉の沙茶醤炒め

材料(4人分)
鹿腿肉　200g
九条ネギ(ぶつ切り)　2本
塩　少量
コショウ　少量
沙茶醤*　大さじ2
紹興酒　少量
オイスターソース　15mℓ

*沙茶醤　P96参照、P115の23

作り方
❶鹿腿肉を約8mmの厚さに切り揃え、塩、コショウをふる。
❷中華鍋を火にかけて油ならしをし、沙茶醤、①を入れて強火で炒める。
❸肉が色づいてきたら九条ネギを加え、強火でさらに炒める。
❹香りづけの紹興酒をまわし入れてオイスターソースを加え、強火のまま鍋を数回煽る。

スパイス中華 | P099

陈皮肉饼
chén pí ròu bǐng

陳皮煮込みハンバーグ

材料(4人分)
豚挽き肉(粗挽き)　200g
卵　½個
水　80mℓ
調味料
　老抽*　4mℓ
　塩　3g
　キビ砂糖　2.5g
陳皮*(20年物)　10g
干しシイタケ　10g
クワイ　10g
片栗粉　10g
ソース　45mℓ
(以下は作りやすい分量)
　濃口醤油　40mℓ
　ハチミツ　50g
　老抽　15mℓ
　オイスターソース　8.5mℓ
　ショウガの絞り汁　60mℓ
　ゴマ油　15mℓ
陳皮(20年物)　適量
シャンツァイ(ざく切り)　適量

*老抽　P118の71
*陳皮　P116の42

作り方
❶ボウルに豚挽き肉、卵(よくかき立てる)を入れてよく練る。
❷①に水を少しずつ加えてさらによく練った後、調味料を加える。
❸陳皮(水に12時間浸けてもどす)、干しシイタケ(水に6時間浸けてもどす)、クワイを粗みじん切りにする。
❹②に③、片栗粉を加えてよく練った後、冷蔵庫で約2時間寝かせる。
❺④を直径15cm×厚さ1.5cm程度に成形する。
❻皿に少量の油(分量外)を塗って⑤をのせ、蒸籠で約15分間蒸す。
❼温めたソース(後述)を⑥の皿に流し入れ、飾り用の陳皮、シャンツァイをあしらう。
ソース
❶鍋にゴマ油以外の材料を合わせてひと煮立ちさせる。
❷ゴマ油を加えて混ぜる。

スパイス中華 | P100

脆皮肥肠
cuì pí féi cháng

ネギ入りパリパリ大腸

材料（以下は作りやすい分量）
豚の大腸 1kg
玫瑰露酒* 適量
片栗粉 適量
潮州卤水（以下は作りやすい分量）
 スープ
  水 8000ml
  豚背骨 1kg
  鶏足（モミジ） 1kg
  鶏ガラ 1kg
 香味野菜（以下はすべて少量）
  ネギ（粗みじん切り）
  ショウガ（粗みじん切り）
  ニンニク（粗みじん切り）
 調味料
  塩 200g
  ナンプラー 30ml
  紹興酒 150ml
  氷砂糖 300g
  生抽* 400ml
 スパイス（以下はすべて少量）
  草果*
  甘草*
  八角
  ローリエ
  花椒
  桂皮*
  羅漢果*
  クローブ
  陳皮*
  レモングラス
  カー*
九条ネギ 9本
ネギ（白髪ネギ） 適量

*玫瑰露酒 P118の68
*生抽 P115の29
*草果 P115の31
*甘草 P114の11
*桂皮 P114の14
*羅漢果 P118の72
*陳皮 P116の42
*カー P113の8

作り方
❶豚の大腸を玫瑰露酒と片栗粉で揉んでから水洗いしてぬめりを落とす。表裏を返して同様に揉んでから水洗いする。再び表裏を返す。
❷鍋にお湯を沸かして①を入れ、お湯が再沸騰するまで強火でゆでる（1～2分間）。ザルに上げる。
❸②を流水で洗い、ぬめりをさらに落とす。
❹鍋に潮州卤水（後述）を沸かして③を入れ、ふつふつと軽く沸き立つ程度の火力で50分間ゆでる。ザルに上げる。
❺④の大腸を温かいうちに九条ネギと同じ長さに切り揃え、九条ネギを射し込む。大腸の両端を洗濯バサミでとめ、半日間ほど風に当てて表面をしっかりと乾かす。
❻⑤に180℃の油をかけて、表面がパリパリになるまで加熱する（大腸の筒状の形状を保つように注意する）。
❼⑥を約1cmの厚さに斜め切りにし、白髪ネギとともに皿に盛る。

潮州卤水
❶鍋に水を張ってスープの材料を入れ、ふつふつと軽く沸き立つ程度の火力で2時間加熱する。漉してスープとする。
❷①のスープに香味野菜、調味料、スパイスを加えて加熱し、沸騰したら加熱を止める。
❸②を容器に移して粗熱をとり、冷蔵保存する。

スパイス中華 | P101

香辣兔
xiāng là tù

揚げ兎～香辣スパイス仕立て

材料（4人分）
ウサギ腿肉（骨付き） 2本
卤水
 ラード 12g
 ネギ（青い部分） 6～7cm
 ショウガ（厚めの薄切り） 5g
 ニンニク（厚めの薄切り） 3g
 干しシイタケ（せん切り） 1個
 水 720ml
 濃口醤油 54ml
 紹興酒 7ml
 塩 2つまみ
冷凍ポテト
（皮付きのくし形切り） 70g
香辣スパイス 適量
（以下は作りやすい分量）
 クミン（粉末） 20g
 フェンネル（粉末） 6g
 一味唐辛子 12g
 花椒 適量
塩 適量
シャンツァイ 適量

作り方
❶ウサギ腿肉を骨ごと約4cm角にぶつ切りにする。
❷鍋にお湯を沸かし、①を入れる。再び沸騰してから40秒間ゆでて、ザルに上げる。
❸②を85℃の卤水（後述）で約20分間煮る。
❹肉を卤水に入れたまま、常温に2時間以上3時間以内置く。肉を引き上げる。
❺中華鍋に白絞油を注ぎ入れて130℃に熱し、冷凍ポテトを素揚げして炸鏈で引き上げる。
❻⑤の鍋の油温を180℃に上げ、④を約20秒間素揚げする。炸鏈で引き上げて油をきる。
❼⑥の鍋の油を空けて⑥の肉を戻し入れ、香辣スパイス（材料を合わせて混ぜる）、塩を加えて鍋を数回煽る（この時点では味は淡めでよい）。
❽⑦の鍋に⑤を加え入れ、香辣スパイス、塩を加えて鍋を数回煽って味をととのえる。
❾皿に⑧を盛り、シャンツァイを添える。

卤水
❶中華鍋を火にかけてネギ、ショウガ、ニンニクをラードで炒めて香りを出す。
❷残りの材料を加えて沸かす。
❸常温で冷ます。

スパイス中華 | P102

麻辣油封香鱼
má là yóu fēng xiāng yú

鮎の麻辣コンフィ

材料（4人分）
鮎のコンフィ
 アユ 4尾
 塩 小さじ1
 紹興酒 大さじ1
 クミンシード 小さじ1
 花椒 小さじ1
 ローリエ 4枚
 白絞油 200ml
仕上げ
 調味用材料
  鮎のコンフィの油 大さじ2
  火鍋の醤 大さじ1
  （以下は作りやすい分量）
   郫県豆板醤* 200g
   火鍋底料*（市販品） 200g
   豆豉（みじん切り） 50g
   ニンニク（みじん切り） 50g
   ショウガ（みじん切り） 50g
   ピーナッツ油 200ml
   ローリエ 3枚
   赤唐辛子（乾燥） 10g
   クミンシード 適量
   老抽* 7.5ml
   紹興酒 7.5ml
   海鮮醤油（市販品） 15ml
   黒酢 5ml
   水 100ml

＊郫県豆板醤　P117の54
＊火鍋底料　P117の55
＊老抽　P118の71

作り方

鮎のコンフィ
❶アユのウロコをペティナイフでこそぎ取る。
❷①に塩、紹興酒をまぶして常温で30分間置き、下味をつける。
❸②にクミンシード、花椒をまぶし、ローリエを敷いたバットに並べる。白絞油を注ぎ入れる。
❹③を100℃のオーブンで4時間加熱する。

仕上げ
❶鮎のコンフィの両面をフライパンでキツネ色に焼きつける。
❷中華鍋に調味用材料（火鍋の醤は材料を合わせて煮立たせる）を入れて煮立たせる。
❸皿に①を盛り、熱々の②をまわしかける。アユとともにオーブンで加熱した花椒やローリエをあしらう。

スパイス中華　│　P104

醉雞煲
zuì jī bāo

酔っぱらい薬膳鶏

材料（4人分）
鶏腿肉　300g
ネギ（青い部分）　1本
ショウガ（薄切り）　3枚
紹興酒　30㎖
鶏湯＊　300㎖
金華ハム（薄切り）　50g
薬膳スパイス
　北芪＊　2本
　花旗参＊　2本
　ナツメ（乾燥）　3個
レタス　½個
タレ
　唐辛子醤油　100㎖
　（以下は作りやすい分量）
　　赤唐辛子（小口切り）　10本
　　青唐辛子（小口切り）　10本
　　濃口醤油　1000㎖
　　ミリン（煮切る）　800㎖
　　昆布　1枚
　　ニンニク（みじん切り）　1片

＊鶏湯　P114の21
＊北芪　P117の58
＊花旗参　P117の60

作り方
❶鶏腿肉をひと口大にぶつ切りにし、ネギ、ショウガ、紹興酒をまぶして常温でしばらく置く。
❷ボウルに鶏湯、金華ハムを合わせて蒸籠で3時間蒸す。
❸土鍋に②の鶏湯を注ぎ入れ、薬膳スパイスを加えて沸かす。
❹③を濾して①の鶏肉を加えて5〜6分間煮る。
❺④に分量の半分のレタスを加えて、タレ（材料を合わせる。唐辛子醤油は後述）を添えて土鍋ごと提供する。残りのレタスは別皿に盛り、好みに応じて土鍋で加熱して食べるようにすすめる。

唐辛子醤油
❶材料を混ぜ合わせて密閉瓶に入れる。
❷冷蔵庫で約3ヵ月間寝かせる。

スパイス中華　│　P105

土雞白菜山椒湯
tǔ jī bái cài shān jiāo tāng

地鶏と白菜の青山椒スープ

材料（4人分）
鶏肉（骨付き／
　胸肉、腿肉）　½羽（600g）
香味野菜
　ネギ（みじん切り）　少量
　ショウガ（みじん切り）　少量
　ニンニク（みじん切り）　少量
ハクサイ（ざく切り）　100g
鶏湯＊　400㎖
牛乳　240㎖
塩　適量
青山椒油　大さじ1.5
（以下は作りやすい分量）
　山椒の実（乾燥）　28g
　ネギ（青い部分）　7cm
　ショウガの皮　2かけ
　白絞油　180㎖

＊鶏湯　P114の21

作り方
❶鶏肉を骨付きのまま4〜5cm角にぶつ切りにする。
❷鍋にお湯を沸かして①をサッとゆでてアク抜きし、水洗いする。
❸中華鍋を火にかけて油ならしをし、香味野菜を炒めて香りを出す。
❹③に②、ハクサイ、鶏湯を加えて強火で煮詰める。鶏湯が約4割の量になったら牛乳を加え、沸騰直前まで加熱する。
❺塩を加えて味をととのえ、青山椒油（後述）をまわし入れてすぐに火を止める。
❻⑤を器に盛り、山椒の実（青山椒油を作るために加熱したもの）をあしらう。

青山椒油
❶中華鍋に白絞油を注ぎ入れて火にかける（油温は低温）、すべての材料を入れる。
❷ネギが約15分間でキツネ色に色づく程度の火加減で加熱する。濾す。

スパイス中華　│　P106

湖南辣子羊排
hú nán là zi yáng pái

ラム排骨の香辣揚げ

材料（4人分）
子羊バラ肉（骨付き）　200g
漬けダレ
　ネギ　2本
　ショウガ　1個
　水　200㎖
　調味料
　　紹興酒　15㎖
　　オイスターソース　15㎖
　　老抽＊　15㎖
　　濃口醤油　5㎖
　　塩　小さじ1
　　コショウ　少量
地瓜粉＊　適量
赤唐辛子（乾燥）　100g
シャンツァイ（ざく切り）　50g
炒り白ゴマ　大さじ1
紹興酒　5㎖
濃口醤油　5㎖
スパイス塩　大さじ1
（以下は作りやすい分量）
　コリアンダー（粉末）　大さじ3
　クミン（粉末）　大さじ1
　ガラムマサラ　大さじ1
　一味唐辛子　大さじ1
　塩　大さじ1

＊老抽　P118の71
＊地瓜粉　P116の43

作り方
❶子羊バラ肉を骨付きのまま約2cmの厚みに切り揃える。
❷①を漬けダレ（後述）に入れて冷蔵庫で1日漬け込む。
❸バットに地瓜粉を敷き、②にしっかりとまぶしつける。
❹③を150℃の油で約3分間揚げて炸籬で引き上げる。
❺④の油を180℃に上げて③の肉を戻し入れる。40秒間揚げた後、赤唐辛子を加えてさらに10秒間揚げ、肉と赤唐辛子を炸籬で引き上げる。
❻中華鍋を火にかけて油ならしをし、シャンツァイ、炒り白ゴマをサッと炒めた後、⑤の

肉と赤唐辛子を加えて炒める。
❼⑥に香りづけの紹興酒をまわし入れ、アルコール分が飛んだら濃口醤油を加えて鍋を2〜3回煽る。
❽皿に⑦を盛り、スパイス塩（材料を合わせて混ぜる）をふる。

漬けダレ
❶ネギとショウガをぶつ切りにし、水とともにミキサーにかける。
❷調味料を加えて混ぜ、なじませる。

スパイス中華 ｜ P107

烤包子
kǎo bāo zi

ウイグルのラム肉サモサ

材料（1個分）
ラム肉餡　大さじ1
（以下は作りやすい分量）
　子羊挽き肉　200g
　タマネギ（みじん切り）　50g
　調味料
　　クミンシード　大さじ1
　　紹興酒　15㎖
　　塩　小さじ2
　　コショウ　少量
　水溶き片栗粉　大さじ1
カボチャのマッシュ　大さじ1
（以下は作りやすい分量）
　カボチャ　200g
　調味料
　　塩　小さじ1
　　コショウ　少量
　　クミン（粉末）　小さじ1
仕上げ
　春巻きの皮
　　（市販品／19㎝×19㎝）　1枚
　カマンベールチーズ　10g
　水溶き小麦粉　少量
　卵黄　適量

作り方
ラム肉餡
❶中華鍋を火にかけて油ならしをし、子羊挽き肉を炒める。
❷タマネギを加えて炒めた後、調味料を加えてさらに炒める。
❸水溶き片栗粉でとろみをつける。
カボチャのマッシュ
❶カボチャの皮を厚めにむき、蒸籠で20分間蒸す（指でつぶれる硬さが目安）。
❷①をつぶし、調味料を混ぜる。
仕上げ
❶春巻きの皮にラム肉餡、カボチャのマッシュ、カマンベールチーズ（1㎝角に切る）をのせて長方形に包み、皮に糊代わりの水溶き小麦粉を塗ってとめる。
❷①の表面に刷毛で卵黄（ときほぐす）を塗り、200℃のオーブンで7分間加熱する。

スパイス中華 ｜ P108

芝麻薄饼
zhī má báo bǐng

クミンとゴマの薄焼きパン

材料（4人分）
生地の材料
　強力粉　100g
　水　50㎖
　塩　1.5g
　グラニュー糖　4g
　無塩バター　12g
無塩バター（仕上げ用）　24g
炒り白ゴマ　大さじ1
クミンシード　大さじ1

作り方
❶生地の材料をボウルに合わせて混ぜる。
❷①を2等分し、それぞれ麺棒で円形（直径約20㎝）に伸ばす。
❸（以降は②の1枚あたりの工程）②の片面に無塩バター（仕上げ用／1枚につき12g）を塗る。
❹③の生地のバターを塗った面同士が接するように生地を蛇腹折りし、約3㎝の幅の棒状にする。
❺④の棒状の生地のバターを塗った面を上に向け、渦巻き状に円形に形作る。
❻⑤の生地を手で軽くつぶしてから、麺棒で円形（直径約18㎝）に伸ばす。
❼⑥の上面に炒り白ゴマ、クミンシードをふりかけ、軽く押さえる。
❽フライパン（底が平らなもの。油は敷かない）で⑦の両面を中火で焼く。

スパイス中華 ｜ P109

大盘鸡
dà pán jī

新疆大盤鶏

材料（4人分）
鶏腿肉（骨付き）　200g
下味用調味料
　塩　小さじ1
　コショウ　小さじ1
　クミン（粉末）　小さじ1
ジャガイモ（皮付き）　1個
ピーマン　1個
赤ピーマン　1個
白絞油　大さじ3
香味スパイス
　ニンニク（みじん切り）　小さじ1
　タマネギ（みじん切り）　大さじ1
　ローリエ　5枚
　クミンシード　小さじ1
　八角　3個
　桂皮*　1片
トマト（さいの目切り）　1個
ビール　300㎖
トマトケチャップ　大さじ1
オイスターソース　15㎖
塩　少量

＊桂皮　P114の14

作り方
❶鶏肉を骨付きのままひと口大にぶつ切りにし、下味用調味料を揉み込む。
❷ジャガイモをひと口大に切って素揚げする。
❸ピーマン、赤ピーマンをひと口大に切って素揚げする。
❹中華鍋に白絞油を入れて熱し、香味スパイスを油になじませながら炒める。
❺④にトマトを加えてよく炒める。
❻⑤にビールを加えてアルコール分を飛ばした後、①、トマトケチャップ、オイスターソースを加え、中火で5分間加熱する。
❼⑥に②、③を加えて鍋を数回煽り、塩を加えて味をととのえる。

スパイス中華 ｜ P110

手抓饭
shǒu zhuā fàn

ポロ～ラム肉炊き込みごはん

材料（8人分）
ラムすじ肉のビール煮
　子羊のスジ肉　200g
　トマト（さいの目切り）　1個
　香味スパイス
　　ニンニク（みじん切り）　小さじ1
　　タマネギ（みじん切り）　大さじ1
　　クミンシード　小さじ1
　　ローリエ　5枚
　ビール　300㎖
　トマトケチャップ　大さじ1
　オイスターソース　15㎖
本調理
　ジャスミンライス　4合
　タマネギ（みじん切り）　½個
　白絞油　30㎖
　ターメリック（粉末）　大さじ1
　水　720㎖

ジャガイモ　2個
　シャンツァイ（ざく切り）　適量
　カシューナッツ　適宜

作り方
ラムすじ肉のビール煮
❶中華鍋に油を入れて熱し、トマト、香味スパイスを炒める。
❷子羊のスジ肉、ビールを加えて約30分間煮込む。
❸トマトケチャップ、オイスターソースを加えて混ぜる。
本調理
❶ジャスミンライスを水洗いしてザルに上げる。
❷中華鍋に白絞油を入れて熱し、タマネギを炒める。
❸②にターメリック、①を加えて、ジャスミンライスが黄色く色づくまで炒める。
❹銅鍋（深鍋）に③、水を入れ、蓋をして20分間炊く。
❺ジャガイモの皮をむいてひと口大に切り、素揚げする。
❻炊き上がった④にラムすじ肉のビール煮、⑤をのせて蓋をし、約5分間蒸らす。
❼シャンツァイと砕いたカシューナッツをあしらう。

　塩　大さじ1

作り方
❶子羊の腎臓を縦に2等分し、断面に現れる白い部分を切り取って掃除する。
❷①を漬け床（後述）に入れ、冷蔵庫で半日〜1日漬け込む。
❸漬け床から腎臓を取り出して水分を拭き取り、串に刺してスパイス衣（後述）をたっぷりまぶす。
❹③を250℃のオーブンで約5分間加熱する。
❺器に盛り、スパイス塩（材料を混ぜる）をふる。
漬け床
❶タマネギとショウガをフード・プロセッサーにかけ、ザルに上げて水気をきる。
❷ボウルに①、クミン（粉末）を合わせて混ぜる。
❸中華鍋にピーナッツ油を注ぎ入れ、クミンシードを入れてから強火で加熱して徐々に温度を上げる。クミンシードがパチパチと弾けはじめたら加熱を止める。
❹③を②のボウルに流し入れて混ぜ、塩を加える。冷蔵庫に入れて冷ます。
スパイス衣
❶ボウルにすべての材料を合わせて軽く混ぜ、天ぷら衣よりもやや硬めの粘度に仕上げる。

スパイス中華　｜　P112
馕坑烤羊腰
náng kēng kǎo yáng yāo

ウイグル羊腎臓（マメ）衣焼き

材料（4人分）
子羊の腎臓　6個（約300g）
漬け床（以下の全量を使用）
　タマネギ　600g
　ショウガ　100g
　クミン（粉末）　10g
　ピーナッツ油　400㎖
　クミンシード　20g
　塩　10g
スパイス衣
　薄力粉　110g
　水　100㎖
　卵　1個
　塩　小さじ1
　ピーナッツ油　小さじ1
　ターメリック（粉末）　小さじ1
　コリアンダー（粉末）　小さじ1
スパイス塩
　コリアンダー（粉末）　大さじ3
　クミン（粉末）　大さじ1
　ガラムマサラ　大さじ1
　一味唐辛子　大さじ1

参考文献

『中国食文化事典』中山時子監修、木村春子・高橋登志子・鈴木博・能登温子編著(角川書店)
『中国料理小辞典』福冨奈津子著(柴田書店)
『納豆の起源』横山智著(NHK出版)
『中国少数民族 農と食の知恵』大石惇・森誠共編著(明石書店)
『中国55の少数民族を訪ねて』市川捷護・市橋雄二共著(白水社)
『ふなずしの謎』滋賀の食事文化研究会編(サンライズ出版)
『世界の食文化2 中国』周達生(農文協)
『図説 中国の食文化誌』王仁湘著、鈴木博訳(原書房)
『滇菜特殊生態食材概覧』(雲南人民出版社)
『西双版納特色菜』(雲南美術出版社)
『大理美食』(雲南美術出版社)
『曲靖地方伝統菜』(雲南美術出版社)
『保山美食風情』(雲南美術出版社)
『臨滄美食』(雲南美術出版社)
『食足臨滄』(雲南科技出版社)
『昭通地方特色菜集萃』(雲南美術出版社)
『紅河美食集萃』(雲南美術出版社)
『芒市味道』(雲南美術出版社)

ハーブ中華・発酵中華・スパイス中華
中国少数民族料理

初版印刷　2019年2月15日
初版発行　2019年3月1日
著者©　　小山内耕也　中村秀行　水岡孝和
発行人　　丸山兼一
発行所　　株式会社柴田書店
　　　　　〒113-8477
　　　　　東京都文京区湯島3-26-9　イヤサカビル
　　　　　http://www.shibatashoten.co.jp
　　　　　営業部(注文・問合せ)／03-5816-8282
　　　　　書籍編集部／03-5816-8260

印刷・製本　株式会社誠晃印刷

本書収録内容の転載、複写(コピー)、引用、データ配信などの行為は固く禁じます。
乱丁、落丁はお取り替えいたします。

ISBN 978-4-388-06299-7

Printed in Japan
©Koya Osanai, Hideyuki Nakamura, Takakazu Mizuoka, 2019
Shibata Publishing Co.,Ltd
Iyasaka Building, 3-26-9, Yushima Bunkyo-ku 113-8477 Tokyo
TEL／+81(3) 5816 8282
URL／http://www.shibatashoten.co.jp